AF567916

- Cornelia Sollfrank (Hg.)
  Die schönen Kriegerinnen
  15,- € / 978-3-903046-16-0

- Christoph Brunner, Raimund Minichbauer, Kelly Mulvaney und Gerald Raunig (Hg.)
  Technökologien
  12,- € / ISBN: 978-3-903046-21-4

- Boris Buden, Lina Dokuzović (eds.)
  They'll never walk alone
  15,- € / ISBN: 978-3-903046-20-7

- Verónica Gago et al.
  8M - Der große feministische Streik
  10,- € / ISBN 978-3-903046-18-4

- Gerald Raunig
  Maschinen Fabriken Industrien
  20,- € / ISBN: 978-3-903046-23-8

- Sofia Bempeza
  Geschichte(n) des Kunststreiks
  12,- € / ISBN: 978-3-903046-22-1

- edu-factory
  Alle Macht der selbstorganisierten Wissensproduktion
  10,- € / ISBN: 978-3-903046-25-2

- Sofia Bempeza, Christoph Brunner, Katharina Hausladen, Ines Kleesattel, Ruth Sonderegger
  Polyphone Ästhetik
  12,- € / ISBN: 978-3-903046-24-5

- Gerald Raunig
  Maschinischer Kapitalismus und molekulare Revolution
  Bd. 1: DIVIDUUM | Bd. 2: Ungefüge
  25,- € / ISBN: 978-3-903046-28-3

- Gerald Raunig
  Ungefüge
  15,- € / ISBN: 978-3-903046-27-6

- Niki Kubaczek, Monika Mokre (Hg.)
  Die Stadt als Stätte der Solidarität
  15,- € / ISBN: 978-3-903046-26-9

- Raúl Sánchez Cedillo
  Das Absolute der Demokratie
  15,- € / ISBN: 978-3-903046-29-0

- Manuela Zechner
  Commoning Care & Collective Power
  15,- € / ISBN: 978-3-903046-31-3

- Kike España
  Die sanfte Stadt
  15,- € / ISBN: 978-3-903046-30-6

- Jana Vanecek
  ID9606/2a-c
  12,- € / ISBN: 978-3-903046-33-7

- Stefano Harney, Fred Moten
  Allseits unvollkommen
  15,- € / ISBN: 978-3-903046-34-4

- Stephan Trinkaus
  Ökologien des Prekären
  20,- € / ISBN: 978-3-903046-35-1

- Raúl Sánchez Cedillo
  Dieser Krieg endet nicht in der Ukraine
  20,- € / ISBN: 978-3-903046-36-8

- Luci Cavallero, Verónica Gago
  Der Haushalt als Versuchslabor
  10,- € / ISBN: 978-3-903046-37-5

- Christoph Brunner, Grit Marti Lange, nate wessalowski (Hg.)
  Technopolitiken der Sorge
  15,- € / ISBN: 978-3-903046-38-2

- Bojana Kunst
  Das Leben der Kunst
  20,- € / ISBN: 978-3-903046-39-9

Auslieferung: GVA ■ Barsortimente: Libri, Umbreit, Zeitfracht

GESAMMELTES DEUTSCH

ERAN SCHAERF

GESAMMELTES DEUTSCH

transversal texts
transversal.at

ISBN: 978-3-903046-40-5

Lektorin: Isabell Lorey

transversal texts ist Textmaschine und abstrakte Maschine zugleich, Territorium und Strom der Veröffentlichung, Produktionsort und Plattform - die Mitte eines Werdens, das niemals zum Verlag werden will.

Dieses Buch ist gedruckt, als EPUB und als PDF erhältlich.
Download: transversal.at
Umschlaggestaltung und Basisdesign: Pascale Osterwalder

Transversal texts, 2023
eipcp Wien, Linz, Berlin, London, Málaga, Zürich
ZVR: 985567206
A-1060 Wien, Gumpendorferstraße 63b
contact@eipcp.net
eipcp.net ¦ transversal.at

Das Jahresprogramm des eipcp wird gefördert von: Stadt Wien Kultur, Foundation for Arts Initiatives

Inhalt

Gesammeltes Deutsch

Das übrige t

Von einem Mann lesen, der einen ganzen Morgen lang in den schnurgeraden verlassenen Straßen von Terezín niemandem außer einem Entgeisterten in einem abgerissenen Anzug begegnet, der ihm zwischen den Linden des Brunnenparks in einer Art gestammeltem Deutsch wild fuchtelnd eine Geschichte erzählt. Das erste t im gestammelten Deutsch überlesen und ohne weiteres annehmen, dass der Mann die Geschichte in einer Art gesammeltem Deutsch erzählt. Vermuten, dass er zu den Menschen gehört, die das in Terezín oder Swakopmund oder Wyschnyzja verstreute Deutsch auflesen und weder in gestammeltem noch in angestammtem Deutsch sprechen. Sich vorstellen, wie der Mann sich über den Ableger freut, den er von der Parkgärtnerin geschenkt bekommt und der – wie er gehört zu haben meint – Geistblatt heißt. Er denkt, die Pflanze sei so benannt, weil Geister sich in ihre Blätter verblättern: Er übertreibe nicht, wenn er sage, dass er an dieser Vorstellung Jahre lang weiter stickte, obgleich er in angestammtem Deutsch nie jemanden vom Sticken an einer Vorstellung sprechen hörte. Er pausiert mit der Stickerei, als er eines Tages in einem Gartenbuch von einer Pflanze liest, die im Volksmund Jelängerjelieber heißt und anderswo Geißblatt. Sogleich dämmert es ihm, dass es sich bei Geißblatt um die Pflanze handeln muss, die er in seiner Sammlung unter Geistblatt registrierte. Die Vorstellung, das t im Geistblatt, das nun Teil seiner Sammlung war, hergeben zu müssen, lässt ihn Widerstand verspüren. Er will nicht glauben, dass es mit dem Geist vorbei sein soll, so gerne verweilt er in der Vorstellung der sich in Blättern verblätternden Geister. Schließlich, sagt er, hätte er noch ein Leben außerhalb des Romans und wüsste nicht, wieso er auf einmal in der angestammten Sprache seines Erzählers sprechen solle. Als Romanfigur aufzufallen liege ihm fern und Dinge, die im Volksmund zur Welt kommen, noch mehr. Manchmal probe er regelrecht, sich daran zu gewöhnen, dass Geißblatt nicht Geistblatt heißt, indem er das Gefühl, dass beim Geißblatt ein t fehlt, nicht aufkommen lässt. Sogleich aber überkommt ihn das Gefühl, dass dieses t, das nicht zum Geißblatt gehören soll, übrigbliebe. Gewöhnlich stimmt ihn etwas übrig zu haben zuversichtlich, doch ein übriges t versetzt ihn beinahe in Entgeisterung. Wenn er einmal so weit ist, von sich behaupten zu können, sich an Geißblatt gewöhnt zu haben, kommt ihm das Jelängerjelieber in den Sinn, das er fast lieber als Geißblatt in seine Sammlung aufgenommen hätte. Wenn das Gewächs schon Jelängerjelieber und Geißblatt genannt wird, was würde dann gegen einen dritten Namen sprechen? Bedeuten nicht zwei Namen für ein Gewächs ohnehin eine tiefgehende Spaltung? Hätten sie eine gemeinsame Sprache, würde er Geißblatt, Geistblatt und Jelängerjelieber hintereinander anrufen und abwarten, bei welchem der Namen das Gewächs sich ihm zuwendet. Er weiß, dass mit Namen mehr diejenigen bedacht werden, die Namen geben, als jene, die sie empfangen – was ihn aber erwartet, würde er sich bedenken und bei Geistblatt bleiben, weiß er nicht. Zuweilen sieht er, wie sie sich vor ihm aufstellen, jene, die das Gewächs Geißblatt nennen und jene, die lieber Jelängerjelieber dazu sagen – und er mittendrin mit dem übrigen t, als hätte er sie gespalten.

— W. G. Sebald, *Austerlitz*, Frankfurt a.M. 2003.
— Gabriele Tergit, *Kaiserkron und Päonien rot. Kleine Kulturgeschichte der Blumen*, Köln und Berlin 1958.

Brunnenvermeldungen

Sie fragt ihn, was er gerade machen würde, und er erzählt ihr von dieser Geschichte, die auseinanderfällt und dabei immer mehr Fußnoten hinterlässt, zu einem Textkörper, der zu imaginieren bleibt. Sie ist sich der Bedeutung von Fußnoten nicht sicher und fragt ihn, ob Fußnoten Brunnenvermeldungen seien. Sogleich merken sie, dass mit dem Wort „Brunnenvermeldungen" etwas nicht stimmt, und brechen in Lachen aus. Sie kennen das schon: ein Wort aus einer anderen Sprache hat sich in ihre deutschsprachige Unterhaltung hineinübersetzt. Solche Übersetzungen ereignen sich öfters, wenn sie Deutsch sprechen. Und wie schon öfters fragt er sich, was sie so zum Lachen bringt, wenn ein Wort sich wie ein deutsches Wort anhört, in Wirklichkeit aber keines ist. Ist es die Freude darüber, dass die Bewegung zwischen Sprachen sich gelegentlich verselbständigt und unerwartet ein Wort zu Tage fördert, dass ihnen ebenso vertraut wie fremd vorkommt? „Brunnenvermeldung", sagt sie, wird wohl die Übersetzung für „Bronvermelding" sein, das auf holländisch „Quellennachweis" bedeutet. Das passt nicht ganz, sagt er, denn die Fußnoten, die diese Geschichte hinterlässt, weisen nicht die Quellen der Geschichte nach, sondern das Potential von Quellen, die Geschichte so zu erzählen, als handle es sich um eine ganz andere Geschichte. *Stories mimic their sources*, aber wenn eine Geschichte Wörter enthält, die es in keiner Sprache gibt, ist es dann noch Nachahmung? Inzwischen sind sie am Ende des Parks angekommen, umkreisen den Brunnen und kehren zurück. Nachahmung! sagt sie, als ob ihr eine alte Freundin entgegenkäme, eine erprobte Kunst. Wenn sie nicht den Anspruch erhebt, dem Nachgeahmten genau zu entsprechen, macht sie ihm seinen Wert strittig. Auf Japanisch gibt es ein Wort, das man mit „Lernen-durch-Schauen" übersetzen könnte. Es ist wie das englische *learning by doing*, aber eben durchs Schauen. Ihnen gefällt die Vorstellung, dass wir beim Anschauen das Angeschaute in Gedanken erst nachahmen, bevor wir ins *doing* übergehen.

Abklemmvorrichtung

Wenn in der Werkstatt kein Platz mehr ist, werden die *Sibir*s vor die Tür gestellt, „im Hof, rechts hinter der Bougainvillea", wie ein Schild auf dem Gehsteig die verborgene Existenz der Werkstatt aufzeigt. Trifft einer der in Zahlung genommenen *Sibir*s nicht gut erhalten ein, wird er in Teile zerlegt, die früher oder später in einen der besser erhaltenen *Sibir*s eingebaut werden. Das Ersatzteillager für den Reparaturbetrieb baut sich fast von selbst auf. Ich möchte nicht übertreiben, aber mit der Zeit wurde die Werkstatt zum größten Ersatzteillager für sowjetische Kühlschränke außerhalb des Ostblocks. Die Schubladen für das Wasser des abgetauten Gefrierfachs dienen als Aufbewahrungssystem für die Ersatzteile – Türgriffe, Temperaturregelknöpfe, Temperaturanzeigeblätter, Scharniere, Gefrierfachtüren, Glühbirnen und natürlich Schrauben unterschiedlicher Köpfe und Durchmesser. Sie liegen bereit in der Zuversicht, dass sie bei einem besser erhaltenen *Sibir*, der demnächst das Land erreichen wird, zum Einsatz kommen werden. So ein besser erhaltener *Sibir* wird anschließend mit der *bar* nachgerüstet, einem Plastikeinbau mit fünf Regalen, der vom Chef passgenau für die *Sibir*-Tür entworfen wurde, um Stauraum im Inneren der Tür zu schaffen. Dem Kosaken zufolge, der im Prospekt auf Hebräisch,

Jiddisch und Polnisch für die *bar* wirbt, verwandelt sie den sowjetischen Kühlschrank in den allermodernsten. Gelegentlich muss stärker in das sowjetische Kühlwerk eingegriffen und ein Kupferrohr irgendwo zwischen Motor und Gefrierfach ersetzt werden. Da kommt die Abklemmvorrichtung aus Deutschland zum Einsatz, um das Rohr passend zu formen, und bietet dem Chef wieder die Gelegenheit, ein deutsches Wort fallen zu lassen. Er sagt „Abklemmvorrichtung" wie ein Schauspieler, der sehnsüchtig auf den Moment wartet, sein einziges Wort in einem Stück zu sprechen. Wir legen dann eine Art Schweigeminute ein und schauen uns alle an, als würden wir eine geheime Abmachung erneut bestätigen. Sie geht auf einen Streit über den Prospekt mit dem Kosaken zurück. Khalil sagte, dass das englische *bar* die Neuheit als fremd exotisieren und das Fremde zum Versprechen für bezahlbaren Aufstieg machen würde. „Abklemmvorrichtung" wurde unser Kennwort, um die Wachen der Einsprachigkeit zu passieren. Dem *Sibir* haftete auch mit der *bar* seine sowjetische Herkunft an, doch er kühlte, war bezahlbar und brachte eine unerwartete Klientel dazu, den kalten Krieg zu vergessen.

Bougainvillieren

Weißt du, dass die Blüten der Bougainvillea in der Botanik als echt und die Blütenblätter als Fälschung gelten? Wahrscheinlich, weil die Farbe der Blüte immer gleich bleibt, während die Farbe der Blütenblätter, die die Blüte verhüllen, sich verändert. Und diese falsche Blume, wie sie in der Botanik bezeichnet wird, wurde als „Scheinblüte" ins Deutsche übersetzt. Man müsste viel mehr bougainvillieren. Das habe ich in *Marrakech* gelernt, dem Videoclip mit dem fülligen Bauchtänzer von Riff Cohen. „Lernen" ist vielleicht nicht das richtige Wort, aber weißt du, die Sprache bedeckt nicht genau den Bereich, den sie bezeichnet – und stellenweise bedeckt sie ihn mit mehreren Falten. Ich wollte mit dem Liedtext Französisch lernen. Als ich ihn las, wurde mir klar, dass ich die Zeile „Cachés par les bougainvilliers" zuvor als „quand je parle bougainvillier" gehört hatte.

> — Riff Cohen, *Marrakech*, 2015, https://www.youtube.com/watch?v=-o1Fk2G07MY. — Paul Valéry, *Chaiers/Hefte 1*, hrsg. von Hartmut Köhler und Jürgen Schmidt-Radefeldt, aus dem Französischen von Markus Jakob, Hartmut Köhler, Jürgen Schmidt-Radefeldt, Corona Schmiele und Karin Wais, Frankfurt a.M. 1987.

Entrümpler

Seit einiger Zeit wandert der Entrümpler durch ihr Gedächtnis, als wolle er Lichtstrahlen umgehen, die das Wort „falsch" auf ihn werfen würden. Sie spricht wenig und wenn, dann nicht von ihm. Gelegentlich erzählt sie einen Witz, anstatt sich einen Satz einfallen zu lassen, der mit „ich" beginnt. Am liebsten teilt sie sich in Dingen mit, die sie verschenkt, als wäre sie dabei, ihre Wohnung leer zu räumen und alles zu verschenken, was ihr zu wertvoll ist, um es dem Entrümpler zu überlassen. Wahrscheinlich erhält der Entrümpler einen Pauschalbetrag, egal ob ein Buch mehr oder ein Kissen weniger dabei sind. So kam ich zu *Austerlitz* von W. G. Sebald, zu *Wer kennt sich schon* von Martin Walser und zu einem runden Backblech. Der Entrümpler könne nicht Deutsch lesen, sagt sie. Zwei Sätze in Walsers Buch sind blau unterstrichen: „Schüchternheit die einzige Plage meiner sonst so fröhlichen Jugend. Sie hat mich nicht nur verhindert ein großer Mensch zu sein, sondern auch ihn zu spielen, geschweige denn zu werden.“ Franz Overbeck. Kann gut sein, dass sie jemand ist, der Bücher mit der ungeschriebenen Anweisung „Zutreffendes ankreuzen“ liest. Hin und wieder ertappe ich mich beim Gedanken, was sie in ihre neue Bleibe mitnimmt, da sie sich gegen *Wer kennt sich schon*, *Austerlitz* und das Backblech entschieden hat. Den Entrümpler habe ich nie gesehen, seine Zeit ist offenbar noch nicht gekommen. In meinen Herd passt das runde Blech nicht hinein. Es ist so groß, dass alle meine Backutensilien darauf Platz finden. Die zwei Bücher auch. Ich stelle es auf den Kühlschrank.

Set

Nur am Eröffnungstag eines neuen Ladens kann ein Mann in solcher Bereitschaftshaltung hinter einer zweistöckigen Kühltheke stehen. Im unteren Stock der Theke weben lückenlos liegende Dosen eine Arabeske aus Getränkemarken. Im oberen Stock ist auf einer aufgefalteten Serviette ein einzelner Börek präsentiert, der Form nach in einem runden Blech gebacken. Eine Kundin wünscht sich das Stück. Warm? Ja. Der Mann verschwindet im hinteren Raum, um mit einem jüngeren Mann zurückzukommen. Hinter der Theke improvisieren die beiden Männer einen kleinen Tanz um die auf dem Boden stehende Mikrowelle, bis sich der junge Mann zu dem glänzenden Gerät bückt, während der ältere ihm den Börek reicht, der sich dann in der Mikrowelle zu drehen beginnt. Die Steckdose sei zu weit vom vorgesehenen Platz der Mikrowelle auf der Arbeitsplatte entfernt, wird erklärt, oder das Kabel zu kurz. Während die Kundin und der ältere Mann warten, öffnet der junge Mann Kartons mit neuer Ware. Drei Minuten. Wollen Sie einen Ayran dazu? Ich frage ja nur, weil, wissen Sie, bei uns im Balkan ist das ein Set, Börek und Ayran, die gehören zusammen.

Dorthin zurück, wo du nicht warst

Ein Hotelflur. Eine Frau geht auf ihr Zimmer. Vor einer Zimmertür steht ein Tablett mit Essensresten. Die Frau geht vorbei, zögert, kehrt um und bedient sich an den Resten. Diese Sequenz aus einem Film von Chantal Akerman loopt sich vor meinen Augen, als die Nachricht vom Tod der Regisseurin eintrifft. Ausgerechnet diese Sequenz. Wer hat sie mir ausgesucht? Ich denke daran, wie die Handlung, Reste zu essen, die jemand anders übriggelassen hat, Tatsächliches und Mögliches in Beziehung setzt. Tatsächlich ist die Regisseurin Tochter (1) von Eltern, die im Konzentrationslager der Hungersnot ausgesetzt waren, und möglich ist es, dass die Frau im Film aus ganz anderen Motiven zu den Essensresten zurückkehrt. Diese Möglichkeit nimmt der biografischen Tatsache ihre Funktion als alleinige Referenz für die Handlung. Wenn Akerman sagt, „ich möchte weg von den Lagern", in denen sie selbst nicht interniert war, fordert sie das Narrativ heraus, das alles, was ein Leben nach dem Holocaust mit sich bringt, dieser biografischen Tatsache unterordnet. Biografische Tatsachen stellen für Akerman noch längst nicht die Geschichte eines Subjekts dar: „Ein Kind mit lauter Löchern / in der Geschichte kann sich nur / eine Vergangenheit erfinden." Auf die Aufforderung „Erzähl mir deine Geschichte" sagt das Kind: „Ich kann's nicht". Auf das Nichtkönnen folgt jedoch die Möglichkeit, dass die eigene (zu erfindende) Geschichte durch eine andere erzählt werden kann, die Akerman anschließend zitiert: der Songtext *Strange Fruit*, den der jüdisch-amerikanische Kommunist Abel Meeropol 1937 unter dem Eindruck des Lynchmords an zwei afroamerikanischen Männern verfasste. Eine Vergangenheit zu erfinden, heißt also, sie mit anderen Geschichten als der angeblich eigenen zu erzählen, sie anders zu erzählen als Narrative es tun, die dir einbläuen, dass deine Biografie und sie allein deine Geschichte ausmacht. Das heißt, eine Vergangenheit auf das mögliche Beziehungsgeflecht von Geschichten hin zu öffnen, auf unterschiedliche Zeiten, auf die Welt außerhalb des Lagers. So kommt Akerman von den Lagern weg, und so bleibt eine Handlung wie die der Rückkehr zu den Essensresten offen für die Gegenwart, weil sie Vergangenem (Hungersnot) gedenkt, indem sie Gegenwärtiges (Reste von Überschuss) mitdenkt. Da die Gegenwart beim Aufeinanderprallen der Kräfte der Vergangenheit und der Zukunft stets zu verschwinden droht, schafft Akerman Filme, in denen „du siehst, wie die Zeit vergeht". Zum Beispiel *Sud* (1999), wo, wie Akerman sagt, „ein Baum einen schwarzen Mann wachruft, der gehängt worden sein könnte. Wenn du einen Baum zwei Sekunden lang zeigst, wird diese Schicht nicht präsent – es wird nur noch ein Baum sein. Es ist die Zeit, die sie entstehen lässt".

> — Nicola Brenez, „Chantal Akerman: Das Pyjama-Interview", in: *Viennale Retrospektive Chantal Akerman*, aus dem Französischen von Stefan Flach, Filmmuseum, Wien 2011. — Chantal Akerman, *Neben seinen Schnürsenkeln in einem leeren Kühlschrank laufen*, aus dem Französischen von Barbara Honigmann, Berlin 2007. — Hannah Arendt, „Vorwort. Die Lücke zwischen Vergangenheit und Zukunft", in: *Zwischen Vergangenheit und Zukunft. Übungen im politischen Denken I*, hrsg. und aus dem Amerikanischen von Ursula Ludz, München 1994.

(1)

„Als wir Kinder waren," schreibt Esther Pelled in *Die Töchter derer, die dort waren*, gab es die Bezeichnung „zweite Generation Holocaustüberlebende" nicht „und es wäre uns nicht eingefallen, dass wir eine Gruppe sind, die so oder anders charakterisiert werden kann, über die sich etwas sagen lässt, bei der man gemeinsame Merkmale feststellen kann, die also verallgemeinert werden kann". „Die zweite Generation Holocaustüberlebende" und „die Kinder derer, die dort waren" gibt es nicht, außer in einem Jargon, der unterschiedliche Erfahrungen mit überlebenden Eltern vergemeinschaftet, um „uns" Nachkommende zu den Erben der Erfahrungen unserer Eltern zu machen.

Erfahrungen lassen sich nun mal nicht vererben. Die Erfahrung einer Person ist für ihre Nachgeborenen bereits die Erfahrung einer anderen Person. Was vererbt werden kann, sind Erzählungen von Erfahrungen. Wer „dort" war, pflegten die ehemaligen KZ-Gefangenen zu sagen, braucht nicht erklärt zu bekommen, was „dort" geschah, und wer „dort" nicht war, wird es eh nicht verstehen. Auch dies ist eine Erzählung. Sie handelt weniger von vergangener Erfahrung und mehr vom Zweifel am Erzählen. In einer Gesellschaft, die durch Nicht-Erzählen bzw. Nicht-Verstehen konstituiert wäre, würden zwei aufeinanderfolgende Generationen eine parallelgesellschaftliche Beziehung zueinander pflegen. Bei aller Empathie für die Eltern – aber will ich dieses Erbe antreten? Nein. Lieber hätte ich Erzählungen geerbt, die fließen, die verstanden werden können, die ich mit meinen eigenen Erfahrungen verbinden, weiterspinnen und weitererzählen könnte.

In diesem Sprachausfall, in dieser intergenerationellen Diskontinuität ist die Sehnsucht nach einem Machtwort,

Verzeihung, ich meine nach einem wortmächtigen Menschen, nein, Formulierungen, umso größer. „Die zweite Generation" verweist auf Blutsverwandtschaft. Mit „dort" ist – von Israel aus gesehen – Europa gemeint. Fast hätte ich „der Boden Europas" geschrieben, obgleich bei „dort" auch ein wenig Hölle mitschwingt, die imaginiert wird, wenn ein Geschehen als „nicht von dieser Welt" beschrieben werden soll. Die Genealogie der Blutsverwandtschaft legitimiert eine besondere Empathie für die toten Verwandten und wird mit dem Anspruch verbunden, für sie zu sprechen. Die nicht verwandten Toten müssen mit der Empathie zurechtkommen, die dann übrigbleibt. „Hier und dort" etabliert die Binarität, die uns glaubhaft machen will, dass das, was dort geschah, so sehr mit dort verbunden ist, dass es sich anderswo nicht ereignen kann. Die Blutsverwandtschaft gibt der technischen Bedingung der Fortpflanzung einen Vorrang über andere Verwandtschaften, die Nachgeborene im Laufe eines Lebens eingehen, seien sie aus Liebe oder aus politischen Interessen.

1994 greift Claude Lanzmann das Blut der Blutsverwandtschaft auf, um die konstituierende und fortwährende Gewalt Israels in der Kontinuität des Holocausts „verständlich" zu machen. Sein Film *Tzahal* (hebr. für Israelische Verteidigungskräfte) erzählt von den Erfahrungen der Nachgeborenen von KZ-Gefangenen, die nun Soldaten der israelischen Verteidigungskräfte sind. Womöglich handelt es sich auch dabei um Erfahrungen, die unverständlich erzählt werden sollten, doch Lanzmann ist hinter einer Wahrheit her und die braucht Beweise, die er in einer Art Bluttheorie gefunden haben will. „In diesem Film", wird der Regisseur im Informationsblatt des Internationalen Forums des Jungen Films

(Berlin 1995) zitiert, „geht es um das zentrale Problem der ‚erneuten Wiederaneignung von Gewalt' durch die Juden. [...] Es gibt zwar [in den israelischen Verteidigungskräften] einige brutale Soldaten, aber der Mehrheit ist Gewalt fremd. Sie liegt ihnen nicht im Blut wie einem Texas-Cop, einem französischen Reservisten oder einem deutschen Landser. [...] Sie können mir das glauben oder nicht, aber die Juden haben das Brutale nicht in ihren Genen." Hier dient die Verallgemeinerung „die Juden" dazu, den Erbvertrag zwischen israelischen Soldaten und jüdischen Opfern der Shoah ins Reine zu schreiben, in die gewaltfreien jüdischen Gene, womit „die Juden" bei der Schöpfung offensichtlich privilegiert wurden. Juden und Jüdinnen, die keine Israelis oder Opfer der Shoah sind, dürfen sich in dieser Erzählung, die in den folgenden Jahren den Diskurs über Palästina dominieren wird, mitverallgemeinern lassen: Sie wenden Gewalt höchstens zu Verteidigungszwecken an, was sie im doppelten Sinn zu Opfern von Gewalt macht, der Gewalt, die gegen sie angewendet wird und der Gewalt, die sie gegen andere anwenden, die sich ihnen aufzwingt, um sich zu verteidigen. Wenn Gewalt nicht im Blut ist, bleibt die Möglichkeit, dass sie vielleicht in der Fantasie ist. Fantasien lassen sich gut erzählen, so gut, dass ein literarisches Genre nach ihnen benannt wurde. Kann es sein, dass dieses Genre politisch unterschätzt wird?

Um Verwandtschaften vom Blut zu emanzipieren, braucht es eine Sprache der löchrigen Geschichte. Nachkommen von „Überlebenden" würden in dieser Sprache als „die Kinder der Toten" bezeichnet, nach dem Roman von Elfriede Jelinek. Damit würde die in der Bezeichnung „Überlebende" implizierte Euphorie schon mal ein wenig gedämpft, meint diese Bezeichnung doch

Menschen, die bestenfalls über dem Leben schweben. Und da Tote ja nicht gebären können, muss es sich bei deren Nachkommen um etwas anderes als ihre biologischen Kinder handeln. Jetzt ist Schluss mit der Solidarität, die in Blutsverwandtschaft gründet. Die Kinder der Toten erblicken eine Welt, die sie mit Toten teilen, die nicht ihre biologischen Eltern sind. Das leuchtet gerade deshalb ein, weil es nichts glaubhaft machen will.

> — Esther Pelled (Hg.), *The Daughters of Those Who Were There. The Second Generation: Life Stories* (Hebr.), Tel Aviv 2018. — Elfriede Jelinek, *Die Kinder der Toten*, Reinbeck bei Hamburg 1995.

Niemandes Gedächtnis (1)

„Der Junge hüpfte hinter ihnen her und riß Blumen aus den verwelkten Kränzen der Gräber, die offenbar noch besucht wurden, um sie auf die Gräber derer zu legen, die schon in die Anonymität der Vergessenheit eingegangen waren."

— Anton Schammas, *Arabesken*, aus dem Hebräischen von Magali Zibaso, München 1989.

(1)

Und dann gibt es eine Zeit, in der du merkst, dass dein Gedächtnis nicht deins ist, dass du bloß eine Zwischenablage für Daten bist, auf die jeder einen Anspruch erheben kann, und du merkst, dass du ein Gedächtnis verteidigst, dem eine Kollektivierung ebenso droht wie dein Anspruch, es wäre deins, weil niemand es aushält, dass es etwas gibt, dass niemandem gehört, schon gar nicht etwas, womit Zugehörigkeiten hergestellt werden können, wozu, fragst du dich, zu wem zugehörig? Eine Nation, ein Volk, ein Land, ein Staat, ein Geschlecht, eine Klasse, eine Sprache, Worte, die stark genug sind, um eine Geschichte zu produzieren, die du als deine erkennen und im selben Zug anerkennen solltest, dass du in anderen Geschichten nichts zu suchen hast.

Und du merkst, dass nicht der Verlauf dieser oder jener Geschichte, nicht jenes oder ein anderes Ereignis dieses Gedächtnis ausmachen, sondern deren Wiederkehr zu einer bestimmten Zeit, an einen bestimmten Ort, die nicht von dir bestimmt werden. Du hast dir nie zuvor überlegt, dass Gedächtnis und Geschichte voneinander unterschieden werden müssen, dass in Geschichte/n sich Ereignisse überlagern, die im

Gedächtnis umgeschichtet werden, in eine andere Reihenfolge, in eine andere Kausalität, in keine Kausalität, und ehe daraus eine Geschichte wird, ereignet sich Weiteres, und die Montage setzt sich wieder in Gang.

Und du hörst bereits deine zweitbeste Freundin, die Historikerin, der das Montagewerk dieses Gedächtnisses, das dir gelegentlich ein früheres Ereignis nach einem späteren Ereignis zu denken gibt, wie ein Mischmasch vorkommt, das von der Ordnung der Wahrheit aus gesehen eine Unordnung heraufbeschwört. Und du merkst, wie schwach du gegenüber diesem Gedächtnis bist, das von dir verlangt, deinen Wunsch, über die Zeit zu herrschen, sie in Abschnitte zu teilen und aus Ereignissen deine Geschichte abzuleiten, aufzugeben, dich auf eine Reise zu begeben, die mehrere Anfangspunkte und keine Endpunkte aufweist, und dich der unvorhersehbaren Wiederkehr von Ereignissen zu stellen.

Mit Lust allein begibst du dich auf diese Zeitreise nicht, aber du hast dir vorgenommen, dieses Gedächtnis, das sich temporär aneignen, aber nicht besitzen lässt, zu verteidigen. Weil du dir einen Gedanken versprichst, der sich im Unvorhersehbaren ereignet und dir etwas von der Operationsweise dieses Gedächtnisses mitteilt. Du fragst dich, was das für eine Kombinatorik ist, die es diesem Gedächtnis ermöglicht, ein Ereignis aus deiner Vergangenheit in deiner Gegenwart wiederauftauchen zu lassen, und was es damit will, hätte es einen Willen. Und du bist, sagen wir, in Seoul, und ausgerechnet dort kommen dir die Zeilen in den Sinn, die Ron Adler einem Freund schreibt, der sich in der Grundausbildung des israelischen Militärs befindet, die du in seinem Buch *Ab morgen werde ich eine Wolke pflücken* vor Jahrzehnten gelesen hast: „Äh ..., sei stark. Ich weiß, womöglich hast du das bereits von deinem Schuldirektor und Großvater gehört. Doch sie meinten damit, dass du stark sein sollst, und ich meine, dass du manchmal schwach sein darfst. Verstehst du?“

Als du das Buch wieder aufschlägst, um diese Zeilen abzuschreiben, merkst du, dass sie von diesem Gedächtnis fast wortwörtlich memoriert wurden. Du vermutest, dass dieses Buch, das 1980, als du 18 warst, erschienen ist, vielleicht das erste war, das du dir gekauft hast. Du vermutest, dass du zu diesem Zeitpunkt gelernt hast, dass ein gesagtes „sei stark“ und ein gemeintes „sei schwach“ sich nicht widersprechen müssen. Und jetzt wolltest du über diese Widerspruchslosigkeit, über diesen indirekten Gebrauch der Sprache nachdenken, aber das Gedächtnis hat etwas anderes vor. Wie aus dem Hinterhalt bringt es Daten hervor, als wolle es dir beweisen, es hätte doch etwas ganz Persönliches für dich. Und es bringt dich auf den Gedanken, dass der Kauf dieses Buchs vielleicht den Anfang deines Abschieds von zuhause markierte, wo das Bücherregal sehr überschaubar war, obgleich dein Vater nie ohne einen deutschsprachigen Kriegsroman unter dem Arm anzutreffen war, als fürchtete er, seine Lebenszeit wäre zu kurz, um sich über alle Kriege der Welt zu informieren. Diese Romane schafften es nie auf einen Regalplatz, zu eilig hatten sie es, im deutschsprachigen Bekanntenkreis weiter zu zirkulieren, der mit Kriegserzählungen die Sprache seiner Kindheit lebendig zu halten trachtete. Auf dem Regal, erinnert dich das Gedächtnis weiter, standen zwei Bücher, besser gesagt Bildbände, die dich in deiner Jugend beschäftigten: *Die Großen der Malerei,* ein Set von 40 Bänden, deren letzter über Amedeo Modigliani war, und *Lest We Forget*, eine Bildkompilation aus den

Konzentrationslagern, die die *Daily Mail* kurz nach Kriegsende veröffentlichte.

Du bist mit der Kombinatorik von „sei stark“ (bzw. schwach) + Seoul nicht einen Schritt weitergekommen, und schon wurde sie vom Gedächtnis auf *Die Großen der Malerei* und *Lest We Forget* erweitert. Du verfluchst dieses Gedächtnis, als wolle es dich explizit daran hindern, vom 19-jährigen Adler zu schreiben, der seinen Militärdienst beendet, indem er sich das Leben nimmt. Du unterstellst dem Gedächtnis, es hindere dich daran, von der Schwäche des Soldaten zu sprechen, weil Schwäche jenes Bild hervorrufen würde, das Zionisten und Zionistinnen vom Antisemitismus übernommen haben, um es aus dem Staat, den sie sich errichteten, wegzuschaffen: der schwache, melancholische, weibliche, jüdische Mann der Diaspora, ein Bild, das Weiblichkeit als Schwäche deutet, um Männlichkeit als Stärke die Feder, nein, die Waffe führen zu lassen. Ginge es nach ihnen, sollte Adler „robust wie eine Eiche“ (Theodor Herzl) werden, stark und muskulös durch Arbeit in der Landwirtschaft, aber Adler wollte nicht zu diesem Bild werden, er wollte mehr Bilder auftauchen lassen:

„Ich wollte das Theater, das ich betreibe, unterbrechen / Ich dachte, an die Herrschenden zu schreiben oder an die Beherrschten / Ich dachte an die Schauspieler zu schreiben oder an die Zuschauer / Ich hatte eine neue Szenenfolge vor, so schön. Wirklich schön / Ich nahm Bilder, addierte, fügte hinzu und mehr Bilder tauchten auf. / Ich sah Soldaten Matratzen über dem Kopf tragen, Schicksalsmatratzen. / Ich betete und weinte, weil mir die Kraft fehlte, die Matratze meines Schicksals zu tragen.“

Wie gerne würdest du der Annahme folgen, dass Seoul + Schwäche + *Die Großen der Malerei* + *Lest We Forget* eine freie Assoziationskette bilden, die dir das Denken erspart, doch fragst du dich nach der Kombinatorik dieser Assoziationskette, was eine ganz andere Frage ist als die nach dem Grund ihres Wiederauftauchens, denn bei dieser Kombinatorik, dessen bist du dir sicher, kann es nicht um Gründe gehen, sondern um die Bedingungen, die es Seoul + Schwäche + *Die Großen der Malerei* + *Lest We Forget* ermöglichen, zusammen wiederaufzutauchen, sich wieder zu ereignen, einen Platz zu teilen, ungeachtet der Zeitachse, auf der du meinst, dich zu befinden.

Und dann fragst du dich, ob du diesem Gedächtnis zu viel Freiheit einräumst, ob du zu schwach bist, es zu beherrschen, es zu deinem zu machen, weil du ihm erlaubst, zu seiner selbstbestimmten Zeit dich daran zu erinnern, dass du nicht auf einer einzigen Zeitachse lebst, die dir – wie den Memoirenschreibenden – erlauben würde, bis zum Ende des Lebens zu warten und erst dann zurückzublicken, wenn die Erinnerungen der Vergangenheit zugerechnet werden können und der Gegenwart nichts mehr anhaben können.

Du merkst, dass deine schwache Herrschaft über das Gedächtnis unmerklich übergeht in deine Schwäche für die unvorhersehbaren Ereignisse, mit denen es dich konfrontiert. Umso mehr verlässt du dich auf dieses Gedächtnis, nicht weil es aufbewahrt, was du zu vergessen neigst, nicht weil es, wie ein Staat, dich daran erinnert, was du nicht vergessen sollst, um dazuzugehören – wozu? Zu wem? Du verlässt dich auf dieses Gedächtnis, weil es wie ein Hinterhalt funktioniert und Ereignisse zu einem Zeitpunkt wiederauftauchen lässt, an dem du gerade nicht mit ihnen rechnest, und noch

Ereignisse dazu addiert, die dein wohltrainierter Intellekt nicht zusammendenken würde, weil du sie nicht selbst erlebt hast und sie dich daran erinnern, dass du in einer vielfältigeren Welt lebst, als es deine Geschichte dir vorgaukelt. Du verlässt dich auf das Gedächtnis, gerade weil es ein Gedächtnis ist, „das sich nicht ganz auf das Erinnern verläßt". Du wiederholst Eva Meyer: „nicht ganz". Du liest bei Hannah Arendt: die Erinnerung sei „nur eine [...] Art des Denkens". Du schreibst das Jahr 2022, denkst an Deutschland und an das, was ausgeblendet wird, wenn Erinnerung die einzige Art des Denkens wird, dann denkst du wieder an das Gedächtnis, das, wenn es wollen könnte, mitdenken wollte, mit wem? Womit?

Nun bist du da angekommen, wo Raimundus Lullus schon einmal war, im 12. Jahrhundert, als das Teile-und-herrsche-Prinzip das Denken noch nicht vollständig in Disziplinen aufgeteilt hat, das kommt später, der Glaube an Disziplin, und gipfelt in den Konzentrationslagern, und so sehr, dass es bleiben wird, *lest we forget*. In Lullus' Gedächtniskunst lassen sich, Frances A. Yates zufolge, die drei „Operationen" Intellekt, Gedächtnis und Wille kaum unterscheiden, also auch nicht trennen, fügst du hinzu, obgleich du nicht so weit gehen würdest wie Yates, die sagt, dass sie „eins" sind. Denn das ist es, was dir gefällt: dass diese „eins" drei sind, die sich nicht unterscheiden und nicht trennen lassen und das Denken zu einem Gemeinschaftsunternehmen machen. Du freust dich zu merken, dass du nicht allein denkst, besser gesagt, dass du gar nicht denkst, dass diese Tätigkeit des Denkens sich in dir ereignet, dank dreier Frauen, die für Lullus diese Gemeinschaft personifizieren: „Die erste hat in der Erinnerung, was die zweite versteht und die dritte will; die zweite versteht, was die erste in der Erinnerung hat und die dritte will; die dritte will, was die erste in der Erinnerung trägt und die zweite versteht."

Das erklärt dir nicht, wie Seoul + Schwäche + *Die Großen der Malerei* + *Lest We Forget* zusammen wiederauftauchen, es erfüllt dich aber mit Zuversicht, dass das Gedächtnis mit Hierarchien nicht umgehen kann, es gehorcht nicht dieser oder jener Geschichte, die ein bestimmtes Ereignis einem anderen vorzieht. Weil es die Ereignisse bereits bei ihrer Memorierung umgeschrieben hat, in eine Sprache, deren Grammatik austauschbar ist und die dich daran erinnert, dass die Tätigkeit des Denkens dann beginnt, wenn Verstehen, Erinnern und Wollen in abwechselnder Reihenfolge ihre Rolle spielen. Und wenn du die Ereignisse dieses Gedächtnisses protokollierst, ist es mehr als memorieren und vergegenwärtigen, du führst sie wieder auf, diesmal nach den Spielregeln der Grammatik, deren Kombinatorik mitdenkt. Die Kombinatorik, so scheint es dir, ist das, was die wiederaufgeführten Ereignisse aus der Zeit fallen lässt und von nun an in die Gegenwart treiben wird, um etwas ins Spiel zu bringen, womit du nicht gerechnet hast, was jedes Ereignis hervorbringt, das in Schrift übersetzt wird: ein unbekanntes Übriges.

Du klappst das Buch von Ron Adler zu, ein Zettel fällt heraus, eine Liste steht darauf: Mann, Schwäche, Um Adeus Português. Du lächelst beim Anblick der Liste, einer Praxis, mit der du früher Kombinationen festzuhalten versuchtest, indem du Worte aufgelistet hast, damals, als du dich noch nicht auf das Gedächtnis, das sich auf das Erinnern nicht ganz verlässt, verlassen hast, als dein israelisch trainiertes Gedächtnis nichts weiter als Angst vor dem Vergessen produzierte.

Du musst jetzt im Jahr 1986 angekommen sein, als du João Botelhos Film *Um Adeus Português* gesehen hast, der gerade herausgekommen war. *Ein portugiesischer Abschied.* Womöglich wolltest du deinen Abschied von zuhause, der mit der Entdeckung der Schwäche seinen Anfang nahm, auf portugiesisch fortsetzen, du weißt es nicht mehr. Inzwischen aber hast du eine Ahnung davon, dass Abschiede sich in die Länge ziehen können, und manchmal wird es einem erst nach Jahren klar, wovon genau man sich am Verabschieden ist. „*Ein portugiesischer Abschied*", liest du im Infoblatt zum Film, „zeigt jetzt endlich indirekt: wenn es Filme gab, die nichts mit dem ‚25. April' [der Nelkenrevolution, die 1974 die portugiesische Diktatur beendete] anzufangen wußten, dann auch deswegen nicht, weil sie nicht wußten, was sie mit dem Übrigen anfangen sollten!" Auf die Suche nach diesem Übrigen macht sich der Film, der 1973 in Portugiesisch-Afrika beginnt, um vom „Abschied einer Generation von fünf Jahrhunderten portugiesischer Präsenz in Afrika" zu erzählen. Es ist ein Film, schreibt João Lopez in *Cinemateca portuguesa*, „über eine unbeschreiblich große Trauer, die noch keine Geschichte hat" und die vielleicht deshalb „eine aktive Trauer" ist. Das Übrige findet sich in der Küche in Lissabon. Du erinnerst dich an diese Einstellung mit Laura, deren Mann nicht aus Mosambik zurückkommt, die am Küchentisch sitzt, auf dem eine Schale mit Äpfeln liegt, die ihre Hand auf einen Apfel legt, den Apfel in die Hand nimmt, ihn anschaut, ihn dreht und in die Schale zurücklegt. Wie sollte sich aktive Trauer auch anders zeigen lassen als in einer solchen Handlung, die zeigt, dass der portugiesische Kolonialkrieg in Afrika in der Küche in Lissabon und anderswo noch zu Ende zu gehen hat.

The fear of remembering replaces the fear of forgetting, oder war es doch *The fear of forgetting replaces the fear of remembering*? Jedenfalls bist du peinlich berührt, als dir dieser Titel einfällt, den du zu der Zeit einem Kunstwerk gegeben hast, weil es so entweder-oder ist und die Möglichkeit außer Acht lässt, dass du dich auch anders an etwas erinnern kannst, als es dir in der Schule nahegelegt wurde. Um dich an etwas anders zu erinnern als zuvor, musst du es – wie Omri Boehm am Beispiel der Shoah vorschlägt – erst einmal vergessen. „Eine künftige Politik des Vergessens muss darin bestehen, das Erinnern zu entnationalisieren", es der Geschichte einer Nation (eines Volkes, eines Landes, eines Staates, eines Geschlechts, einer Klasse, einer Sprache) zu entreißen. Du bedankst dich bei wem auch immer dafür, dass du diese Geschichte mittragen durftest, Matratze überm Kopf, Schicksalsmatratze, nicht deine. Du springst zur Seite, lässt das Schicksaal, das auf dich projiziert wurde, ins Leere strahlen und verlässt dich auf ein Gedächtnis, das mehr Bilder als das eine, das dir Zugehörigkeit eintätowierte, auftauchen lässt.

Allmählich verstehst du, was es heißt, wenn man dir sagt, dass du stark sein sollst. Du verstehst, dass Verstehen nur ein Teil von Nicht-Verstehen ist. Du verstehst, dass die Bildkompilation *Lest We Forget* nicht ohne das Bücherset *Die Großen der Malerei* gedacht werden kann, geschweige denn, dass sie gedacht werden können. Weil das Gedächtnis, das du als deins beanspruchst, Teil eines Gedächtnisses ist, das sich auf das Erinnern nicht verlassen kann. Dann verstehst du auch, dass Prousts unwillentliches Gedächtnis etwas anderes will als du, eine andere Erzählung, die deine sein könnte, wenn das Gedächtnis es unwillentlich wollte und du dich erinnern würdest, an das, was dir nicht geschah, aber geschehen könnte.

— Ron Adler, *Poems (Ab morgen werde ich eine Wolke pflücken)*, Tel Aviv 1980. Alle Zitate aus dem Hebräischen sind, wenn nicht anders erwähnt, von mir übersetzt. — Eva Meyer, „Für eine Architektur des Gedächtnisses", in: *Architexturen*, Basel und Frankfurt a.M. 1986. — Hannah Arendt, „Vorwort. Die Lücke zwischen Vergangenheit und Zukunft", in: *Zwischen Vergangenheit und Zukunft. Übungen im politischen Denken I*, hrsg. und aus dem Amerikanischen von Ursula Ludz, München 1994. — Frances A. Yates, „Lullismus als eine Gedächtniskunst", in: *Gedächtnis und Erinnern. Mnemonik von Aristoteles bis Shakespeare*, ohne Angabe der Übersetzung, Berlin 1994. — Ines Lehmann, „Um Adeus Português/Ein portugiesischer Abschied", Infoblatt 14, 16. Internationales Forum des Jungen Films, Berlin 1986. — Omri Boehm, „Was ist vergessen?", in: *Israel – eine Utopie*, aus dem Englischen von Michael Adrian, Berlin 2020.

An und für dich

Irgendwo in Lynn Hershman Leesons *First Person Plural, the Electronic Diaries* fragt sie sich und wer auch immer sich ihre Videoaufzeichnungen anschauen wird, ob sie eigentlich *zu* ihnen („*to* you") oder *für* sie („*for* you") spricht. Direkter kann eine Filmprotagonistin das Publikum nicht in Fragen von Repräsentation und Identifikation als unmögliche Möglichkeiten verwickeln. Wenn sie in *First Person Plural* (3. Teil) dann sagt: „I lost my voice and it took me forty-five years to gain it back" muss ich der Identifikation beinahe vollkommen zum Opfer gefallen sein (1) und frage mich nun, wie lange ich wohl brauchen werde, um meine Stimme zurückzuerlangen. Damit war die eine Mission der Kunst vollendet, ich bin Produzent geworden. Die Frage aber rumort weiter und zieht noch mehr Fragen nach sich: Wie kommt man dazu, eine Stimme zu haben, wie kommt man dazu, sie zu verlieren? Wie hört sich eine wiedererlangte Stimme an?

Hershman Leeson zufolge werden wir in eine Geschichte hineingeboren und das Leben ist „an ultimate editing process". Die Geschichte, in die sie selbst hineingeboren wurde, charakterisiert sie als das „Gefängnis des Schweigens", das auf das „Gefängnis des Lagers" (des deutschen Konzentrationslagers) folgte: eine jüdische Familie der Nachkriegszeit, die über die Lager schweigt. In den *Electronic Diaries* editiert Hershman Leeson ihre Stimme, die sie über die Jahre der Kamera anvertraute, in das Schweigen der Familie. Einmal editiert, ist diese Stimme an das Ohr einer Gesellschaft gerichtet, der das Schweigen der Überlebenden für ihr Projekt des Gedenkens an die Toten gelegen kam. Hershman Leeson spricht weder für die Toten noch für die Überlebenden. Sie spricht an und für dich. Ihre Stimme sprengt den Gedenkraum, wo das Unbegreifliche des Lagers schweigend angebetet wird, begleitet vom Fluglärm israelischer Kampfjets, die nicht nur über Auschwitz fliegen, um die „leisen Schreie" der Opfer zu „tragen", wie es Brigadegeneral Eshel 2005 in den Kopfhörern der über Auschwitz fliegenden Piloten zu verstehen gab.

Leise Schreie von Toten hört Hershman Leeson nicht, beschäftigt wie sie ist, dem Schweigen der Lebenden zuzuhören. Die Gewalt dieses Schweigens rührt von seiner Dauer, es ist immer gesellschaftliche Gegenwart. Hershman Leeson macht es zu ihrer Sprechschule, mit der sie sich beibringt, ganz unterschiedliche Formen der Gewalt zu sehen und sprechend gegen sie aufzubegehren. Nicht als Tote, nicht als Überlebende, und auch nicht unter dem wohlwollenden Etikett der zweiten Generation der Holocaustüberlebenden. Wenn stimmt, was die Wissenschaft herausgefunden haben will, dass sich Traumata über Generationen in den chemischen Aufbau der Erbinformation (DNA) einschreiben, dann zeugen die *Electronic Diaries* vom Kampf zwischen einem selbstanalysierenden Subjekt und seinem Körper. Wenn Hershman Leeson sagt „it's as if I'm hiding in myself", dann hat dieses Subjekt zwar etwas von seinen Vorfahren geerbt – es ist auf der Flucht und muss sich deshalb verstecken –, doch hat es sich inzwischen beigebracht, dass kein realer Ort auf der Welt ein sicheres Versteck bieten kann. Daher sucht es das Versteck „in itself". Um sich in sich selbst zu verstecken, muss sich das Subjekt aber erst einmal multiplizieren. Mit dieser Selbst-Multiplizierung unterwandert Hershman Leeson die gesellschaftlich so begehrte Identität, die im nächsten Schritt stigmatisiert wird. Der Entstehungskontext dieser Selbst-Multiplizierung ist das „Gefängnis des Schweigens", erweitert durch den Gedenkraum, der uns für die Vergangenheit so sehr sensibilisieren soll, dass wir für die Gegenwart taub werden. Dass der Flyer-Text zu Hershman Leesons Berliner Ausstellung 2018 diesen Entstehungskontext verschweigt und lieber von ihrer verdienstvollen „unerschrockenen Dekonstruktion von Geschlechterstereotypen in einer frauenfeindlich und technologisch vermittelten Welt" spricht, ist mehr als eine verpasste Gelegenheit, dieser Stimme richtig zuzuhören. Es ist, als würde man das auf Deutsch nicht sagen können. Okay, switchen (2) wir ins Englische. „*First Person Plural* is a violation of social pacts, all of them worth breaking. First and foremost, it's a violation of the inherited pact of the family. ('Don't tell, don't tell,' whispers an unseen speaker. 'Don't air your dirty laundry.') It's also a violation of the forced pact between victim and victimizer. ('Don't tell, don't tell,' continues the voice-over. 'Don't tell your mother, your teacher, your friend.') But it is also a violation of the 'Holocaust pact', which dictates, in the post-Holocaust era, that all Jews are victims and inhabit the terrain of victimhood", schreibt B. Ruby Rich 2005. Man ist nicht nur Opfer (3). Man ist nicht nur Frau, nicht nur Jüdin und auch nicht nur eine Künstlerin, die ein vielstimmiges Gespräch in Gang setzt, wenn sie die eigene Stimme zurückerlangt hat.

> — Lynn Hershman Leeson, *First Person Plural, the Electronic Diaries,* 1984-1996. — Lynn Hershman Leeson, *First Person Plural,* Flyer zur Ausstellung vom 19. Mai bis 17. Juli 2018, KW Institute for Contemporary Art, Berlin. — B. Ruby Rich, "My Other, My Self: Lynn Hershman Leesson and the Reinvetion of the Golem", in: Meredith Troble (Hg.), *The Art and Films of Lynn Hershman Leesson: Secret Agents, Private I,* Berkeley, Los Angeles, London 2005.

(1)

Mama, warum hast du mich als Rotkäppchen verkleidet? — Weil das eine Geschichte ist, mein Kind, und in Geschichten tritt man als jemand anderes auf. Sonst kommt man gar nicht darin vor. — Aber Mama, es ist eine Geschichte, in der ein Mädchen von einem Wolf gefressen wird. — Und? — Ich bin ein Junge. — Siehst du, mein Kind, schon bist du aus der Rolle gefallen. — Aber Mama, was für eine Rolle? — Rotkäppchen. Du identifizierst dich zu sehr mit dir selbst. — Und warum willst du, dass dein Kind gefressen wird?

Proben wir es noch einmal, Schatz. Diesmal spiele ich die Großmutter. — Großmutter, warum hast du mir einen Strick umgebunden? — Um dir beizubringen, wie man sich losbindet. — Warum warst du dann so wütend, als ich mich losgebunden habe? — Weil ich nicht gesehen habe, wie du es gemacht hast, und du dann in den Wald abgehauen bist. — Was hätte ich denn sonst tun sollen? — Dich nach Freiheit sehnen. — Aber warum sollte ich mich danach sehnen, wenn ich sie mir nehmen kann? — Du verstehst das Spiel nicht.

Großmutter, gib mir noch eine Chance. Warum warst du so wütend, als ich mich losgebunden habe? — Weil du stattdessen eine Ziege an den Strick angebunden hast, damit ich glaube, dass du noch dranhängst. — Es tut mir schrecklich leid, Großmutter. Geht es dir um Tierrechte? — Sagtest du Rechte, mein Kind? Das ist fast die einzige Geschichte, in der ein Wolf etwas zu fressen bekommt! — Aber Mama, jetzt bist du aus der Rolle gefallen. Hast du denn vergessen, dass du meine Großmutter bist? — Du hast Recht, es sollte mir um Menschenrechte gehen. — Du darfst weiter den Wolf spielen ... aber was gibt dir das Recht, dir dein Opfer auszusuchen?

— Italo Calvino, „Die falsche Großmutter", in: *Italienische Märchen. Gesammelt und nacherzählt von Italo Calvino*, aus dem Italienischen von Burkhart Kroeber und Lisa Rüdiger, Frankfurt a.M. 2014. — Catherine Storr, „Little Polly Riding Hood", in: *Clever Polly and the Stupid Wolf*, ohne Ortsangabe 1974.

(2)

Ich schreibe „switchen", nicht „wechseln", weil es beim Switchen eine Vorrichtung gibt, eine Vermittlung, eine dritte Instanz, die zwei verbindet, mich an die Möglichkeit zu switchen erinnert, und dazu mitprogrammiert: Züge auf Schienen umzuleiten, Elektrizität ein- und auszuschalten, Sender im Radio oder Fernsehen zu suchen, und – in den 1950er Jahren soll eine bisexuelle Person auch geswitcht haben, wofür allerdings andere Handlungen als die Betätigung eines Hebels oder eines Knopfs nötig sein dürften. Diesem Switchen geht die Vorstellung voraus, dass es mehr als das eine Selbst gibt, zu dem geswitcht werden kann. Wenn Lynn Hershman Leeson sich selbst-multipliziert, instanziiert sie diese Vorstellung von sich als mehrere als ihre „Schaltstelle".

Ich bleibe aber noch kurz bei dem Knopf, der nicht ein Knopf bleibt, wie zum Beispiel der Suchknopf des analogen Radiogeräts, der mit der Digitalisierung wegtechnologisiert und durch einen Druckknopf ersetzt wurde. Damit bleibt das Switchen als eine Suchhandlung zwar an einen Knopf gekoppelt, wird jedoch neu programmiert. In seinen Anfängen war das Radio ein Staatssender, und das Gerät vermittelte zwischen staatlich gestalteten Programmen und Programmen anderer Staaten. Als einzige legale Stimme im Äther ließ das Radio die Nationalsprache mit den geografischen

Staatsgrenzen zu einem imaginierten Sprachraum verschmelzen. Das Switchen mittels Drehknopf hieß, diesen Sprachraum zu verlassen, sich auf eine Suche zu begeben, unbekannte Sprachen zu durchwandern, sich zu entnationalisieren. Blieb man bei einem Sender, war es möglich, innerhalb seiner Sendersprache zwischen Orten und Zeiten geswitcht zu werden. Das Switchen als Programmdramaturgie eines Senders wird bis heute praktiziert – an die Nachricht über den israelischen Einsatz von scharfer Munition bei einer Demonstration im Gazastreifen schließt ein Popsong aus den 1970er Jahren an, dann wird in einer Anruf-Sendung eine Oma in Hoyerswerda gegrüßt, gefolgt von einem Science-Fiction-Hörspiel oder einem Live-Bericht aus Venezuela (natürlich nicht einfach so, sondern verbal abgefedert durch eine Schaltstelle, bekannt als Moderation). Diese Zeitreise strahlt eine Demokratie aus, die sich mit dem Druckknopf wählen lässt. War mit dem Suchknopf ein Zufall im Spiel, eine nicht-gezielte Suche, so ist die Wahl mit dem Druckknopf kein Suchen mehr, sondern ein vorprogrammiertes Finden, ein Wiederfinden dessen, was man bereits als die eigene Wahl identifiziert und gespeichert hat. Mit dem Druckknopf kann also das Switchen im Sinn einer Suche mit offenem Ausgang nicht stattfinden, es sucht sich andere Handlungen. Dabei beschränkt es sich nicht auf den radiophonen Raum mit seinem auf ein Zielpublikum zugeschnittenen Programm, es wird zu einer Kulturtechnik der Wahrnehmung von Pluralität. Mit ihr wird ein öffentlicher Raum vorstellbar, der das, was nicht national institutionalisiert werden kann, was sich in ein bestimmtes Programm, einen bestimmten Diskurs, eine bestimmte Ordnung nicht eingliedern lässt, unvorhersehbar einschließt.

Zum Beispiel durch Handlungen, die bei programmierten Ereignissen wie Parlamentssitzungen, Konferenzen oder Demonstrationen vom vorgeschriebenen Protokoll abweichen und die verbale Sprache verlassen, um Dinge zur Sprache zu bringen.

2009 bewarf Muammar al-Gaddafi während seiner UNO-Rede den Präsidenten der Vollversammlung mit dem Buch *Isratin – Das Weiße Buch* (2003), ein Beitrag des damaligen Staatsoberhauptes von Libyen zur Lösung dessen, „was als das chronische Problem des Nahen Ostens bezeichnet wird". Die für seinen Auftritt vorgesehene Zeit überzog al-Gaddafi, selbst als ein Ordnungshüter ihm seine handschriftlichen Notizen für die Rede wegnahm. Das Switchen in die nichtverbale Sprache interveniert meistens, aber nicht notwendigerweise in die vorgesehenen Zeitvorgaben eines Protokolls. Ein Foto von Gloria Swanson zeigt den Stummfilmstar beim Nickerchen auf dem Podium des Festivals des amerikanischen Films in Deauville im Jahr 1978. Ob aus Langeweile oder Müdigkeit kommentiert sie das Setting in seiner vorgesehenen Nutzung. 2013, bei der Diskussion um ein Gesetz, das kleinen Parteien den Zugang zum israelischen Parlament erschweren sollte, stellt sich der palästinensisch-israelische Knesset-Abgeordnete Ahamd Tibi am Rednerpult mit dem Rücken zum Plenum und schweigt für die Dauer seiner Redezeit. Man kann nicht bei jeder Gelegenheit von allem sprechen, wie Michel Foucault in der *Ordnung des Diskurses* erkannte, sei es, weil man nicht gehört wird oder weil ein Diskurs sich durch Grenzziehungen definiert, um „das Wagnis des Zufalls" zu bannen. Aber man kann ins Schlafen oder ins Schweigen switchen, was in einem Kontext, wo Sprechen angesagt ist, zu einer Sprache von nichtverbalen Sprechakten wird. 2012 tritt die in israelischer Verwaltungshaft sitzende Hana Shalabi in einen Hungerstreik, um gegen die Praxis der Inhaftierung von Menschen ohne Gerichtsverfahren zu protestieren. Auf dem Campus der Tel Aviv Universität findet ein Protest zur Unterstützung und Freilassung der Palästinenserin statt, an der auch die Philosophin Dr. Anat Matar teilnimmt, die zugleich Fakultätsmitglied ist. Ein Student der Politikwissenschaft, dem die Teilnahme eines Fakultätsmitglieds an einer solchen „Veranstaltung [...] absurd" erscheint, beschwert sich beim Rektorat, woraufhin das Rektorat mitteilt: „Es handelt sich um eine illegale Demonstration [...], für die niemand um eine Genehmigung ersucht hatte." War es ein Protest, eine Veranstaltung, eine Demonstration oder nichts von alldem? „Ich denke nicht, dass die Demonstration illegal war", sagt Matar der Zeitung, die sie um einen Kommentar bittet, „und sowieso handelte es sich um eine Installation": Menschen knieten mit verbundenen Augen und Händen, andere hielten Schilder hoch, die über das Anliegen informierten – „dafür ist meiner Meinung nach keine Genehmigung erforderlich". Die Wiederaufführung einer der üblichen Folterpositionen des Inlandsgeheimdienstes brachte eine Praxis ans Licht, die sonst nur durch mündliche Berichte von Gefangenen an die Öffentlichkeit gelangt. Mit dem Rückgriff auf den performativen Installationsbegriff aus der Kunst, switcht Matar zwischen akademischem Diskurs, aktivistischer Praxis, Performance-Kunst und eröffnet einen Raum, der sich von der Ordnung weder des einen noch des anderen Diskurses vereinnahmen lässt.

— Michel Foucault, *Die Ordnung des Diskurses*, aus dem Französischen von Walter Seitter, München 1974. — Anat Matar, E-Mail-Korrespondenz mit dem Autor. — Omri Meniv, „Die Dozentin solidarisierte sich mit einer Jihad Aktivistin; die Universität ermittelt“ (Hebr.), 25. März 2012, makorrishon.co.il (anders als der Titel des Artikels behauptet, ermittelte die Universität nicht).

(3)

Beim Switchen zwischen Sprachen vermute ich mich in einer mehrsprachigen Gemeinschaft, die, wenn sie es nicht ist, eben dadurch gegründet werden kann. Wenn nicht gleich gegründet, so doch vielleicht hervorgerufen – durch die Annahme, dass parallele und gegenläufige Zeitlinien einander berühren, überschneiden, sich kreuzen und verfangen lassen. In unserem Berliner Zwei-Personen-Haushalt werden hebräisch-, deutsch- und englischsprachige Medien rezipiert. Irgendwann merkten wir, dass wir, abhängig von der Sprache, in der wir Nachrichten konsumieren, zeitverschoben zueinander leben. Manche Meldungen gelangen mit tagelanger Verzögerung vom einen zum anderen Sprachraum, andere schaffen es nie, die imaginierte Sprachraumgrenze zu passieren. Gelegentlich überschreiten wir diese Sprachraumgrenzen, indem wir zwischen den Zeiten, in denen wir leben, switchen. Mit der Frage, wie lange ich bereits weiß, was du eben erst erfahren hast, beginnt eine Art Wettlauf, bei dem allerdings niemand gewinnt. Wir assimilieren uns gegenseitig an den Informationsstand des jeweils anderen Sprachraums, tauschen uns über die Kontexte aus, die sprachraumspezifisch erweitert oder ausgeblendet wurden.

Einer, der auf Hebräisch mehrere Tage lang Schlagzeilen machte, während er in der deutschsprachigen Presse zu der Zeit keine Bühne bekam, ist Stephen Miller. Wir haben tief googeln müssen, um auf Deutsch zu erfahren, dass es sich bei ihm um einen Topberater im Weißen Haus zur Zeit Trumps handelt. Ein noch tieferer Einstieg förderte die Information zutage, dass Herr Miller der Architekt des Null-Toleranz-Programms gegen sogenannte illegale Einwanderung ist. Noch war diese Information nicht mit der Nachricht verknüpft, dass an der mexikanisch-amerikanischen Grenze Kinder von ihren Eltern getrennt eingesperrt werden. Weiter in der Tiefe des Netzes, diesmal im zeitlichen Sinn, befindet sich ein älteres Porträt Millers von Torsten Denkler. Bereits in der Highschool soll Miller zornig geworden sein, wenn er auf dem Flur Spanisch hörte, und er kandidierte für den Schülerrat mit einer Kampagne gegen das Putzpersonal der Schule, das mehrheitlich hispanoamerikanisch war: „Bin ich der Einzige, der krank und müde davon ist, seinen Müll aufheben zu müssen, wenn hier jede Menge Angestellte rumlaufen, die dafür bezahlt werden, das für uns zu tun?“ In diesem Porträt ist auch zu lesen, dass der Rassist Miller aus einem jüdischen und demokratisch gesinnten Elternhaus kommt. Um mehr über dieses „paradoxe Phänomen der modernen jüdischen Geschichte“ (Daniel Blatman) zu erfahren, switchen wir zur hebräischsprachigen Presse, die in dem Fall auch aus dem Spanischen übersetzt. Menschen jüdischer Herkunft wie Miller, die sich für eine rassistische Position stark machen, sind in deutschen Medien eher ein Thema für die Inlandsberichterstattung anderer Länder. („Was machen wir?“, fragt sich die Nachrichtenredaktion, „Juden sind in Deutschland gern gesehen, aber für Rassismus ist in

Deutschland kein Platz".) Dabei überschreitet das Phänomen, wie es in Typen wie Miller seinen Ausdruck findet, sowohl Sprachraum- und Landesgrenzen als auch die nationalisierende Einteilung der Berichterstattung im In- und Ausland. „Das klassische antisemitische Bild einer jüdischen Weltverschwörung wird", Blatman zufolge, „auf der national-rassistischen Seite der politischen Weltkarte wieder aufgeführt."

Sprüche wie „für Rassismus ist in Deutschland kein Platz" zeugen von der Verwechselung von Raum und Zeit. Das Gedächtnis ist keine Festplatte, aus der durch Befehle Dateien gelöscht werden können, um Platz zu schaffen. Es behält Worte wie „Rasse" selbst dann, wenn sie auf Deutsch da und dort gestrichen werden. Es ist möglich, die Kombination „jüdischer Rassismus" unausgesprochen zu lassen, aber sie wird dadurch nicht aus dem Gedächtnis gelöscht. Es ist möglich, das Gedächtnis der Sprache zu adressieren, aber dressieren lässt es sich nicht. Wenn das Sprachgedächtnis adressiert wird, switcht es zwischen dem, was gesucht wird und dem, was gefunden wird. Wird jüdischer Rassismus gesucht, findet das Gedächtnis auch jüdische Personen, die kommunistische, sozialistische, antizionistische, liberale und einige andere Positionen einnehmen. Es ist unmöglich, dass das Gedächtnis für Menschen von so unterschiedlichen politischen Einstellungen nur den Sammelbegriff „Opfer" bereithält. Es muss mindestens einen Hinweis darüber gespeichert haben, dass nicht nur die ethnische Zugehörigkeit Menschen jüdischer Herkunft zu Opfern macht, sondern auch ihre jeweilige politische Einstellung; dass die generationsübergreifende Anwendung des Sammelbegriffs „Opfer" Menschen die Freiheit nimmt, sich als politische Subjekte zu begreifen.

— Torsten Denkler, „Stephen Miller bringt den Hass in Trumps Reden", *Süddeutsche Zeitung* vom 11. Juni 2017. — Daniel Blatman, „Ein Ideal und eine Ideologie gibt es bereits, eine Endlösung noch nicht" (Hebr.), *Haaretz* vom 21. Juni 2018.

Wie gesagt

Kleidung und Denkmäler – die Kombination quietscht fast, so sehr unterscheiden sie sich, vor allem dadurch, wie sie in die Zeit intervenieren. Gemeinsam ist ihnen der Rückgriff auf Geschichte. Sie zitieren, führen das Zitat wieder auf und sagen etwas damit. Doch sprechen sie das, was sie sagen, nicht aus, sie stellen es zur Schau, lassen es wie gesagt erscheinen.

Denkmäler besetzen Orte und räumen damit vergangenen Ereignissen einen Platz in der Gegenwart ein. Kleidungsstücke bewegen sich mit den Subjekten, von denen sie getragen werden und versetzen das, was sie sagen, in immer andere Räume.

Wenn der Staat ein Denkmal errichtet, tritt er, wenn auch unausgesprochen, als Platzordner auf. Es könnte jemand gegen die Nutzungsregeln verstoßen. Dann würde sich wohl jemand finden, der etwas ausspricht, wie Uwe Neumärker, Direktor der *Stiftung Denkmal für die ermordeten Juden Europas*, die auch das Berliner Denkmal für die im Nationalsozialismus ermordeten Sinti und Roma Europas verwaltet. Als Sinti* und Roma* 2018 am Denkmal für ihre ermordeten Vorfahren gegen ihre bevorstehende Abschiebung demonstrierten, ließ die Stiftung sie durch die Polizei räumen: „[D]ieser Ort ist ein Ort der Erinnerung und der Trauer, Politik muss woanders stattfinden", teilte Neumärker der Presse mit. Ein Schild am Denkmal nennt den Grund: „Politische Demonstrationen, Flaggen oder andere Symbole stören das Andenken." Wessen Andenken? Die Nutzungsregeln der KZ-Gedenkstätte Dachau gehen weiter: Die Gedenkstätte ist „wie ein Friedhof" und „die Kleidung muss zu einem Friedhof passen". Was passt zu „wie"?

Kleidungsstücke besetzen keinen Platz auf Dauer. Selbst den Körper, der sie trägt, besetzen sie nur temporär, verwandeln ihn zum Träger von abwechselnd kombinierten Aussagen. Wie gesagt präsentieren sie das, was sie sagen, wo auch immer sie getragen werden, und rufen die Lektüren von Bekannten und Unbekannten hervor. Von einer solchen Lektüre berichtet Isolde Kurz in *Schlafen* (1907), wo die Erzählerin in einen Festzug mit Veteranen des Kriegs von 1870 gerät. „Diese Veteranen mit ihren Ehrenzeichen" sind für die Autorin „wie wandelnde Monumente inmitten einer neuen Zeit, für die der große Krieg schon fast zum Märchen verklungen war." Sie meint es etwas geringschätzig, handelt die Erzählung doch von Wilhelm, der aus dem Krieg weder mit noch ohne Ehrenzeichen zurückkehrte (bei der Wache eingeschlafen, wurde er von einem Feldgericht zum Tode verurteilt und hingerichtet, ein Tod, den der Staat nicht für gedenkwürdig hält, weshalb Wilhelms Name nicht auf dem Obelisken angebracht wurde, zu dem die Veteranen marschieren). Die Geringschätzung gilt den sich als Kriegshelden feiernden Veteranen. Die Mobilisierung des Denkmals bringt aber viel mehr in Bewegung, als es dem Staat recht sein kann: Sie adressiert die Verwandlung, die Erinnerungen im Laufe der Zeit durch die Gedächtnisarbeit ohnehin erfahren.

Das mobile Denkmal verlässt den staatlich fürs Gedenken zugewiesenen Raum zugunsten einer Vielfalt zerstreuter Räume – alltägliche Funktionsräume, die den Nutzungsregeln von Gedenkräumen nicht unterliegen. In diesen Räumen trifft das mobile Denkmal auf andere, deren Gedächtnis von den aufgeführten Zeichen adressiert wird. Die getragenen Zeichen vergangener Geschichten kombinieren sich mit unvorhersehbaren, gegenwärtigen Zeichen und setzen sich einer Vielfalt von Auslegungen aus. Sie werden zu Gemeinschaftsproduktionen, zum Gegenstand sozialer Semiotik und damit zu einer Politik, die Vergangenem gedenkt, in dem sie es durch die Gegenwart wandern lässt. Das mobile Denkmal ist somit ein Agent einer kollektiven Geschichtsschreibung, allerdings sind es die Zeichen, die dieser Gemeinschaftsproduktion gemeinsam sind, nicht ihre Auslegung. Mit dem Verlassen des staatlich zugewiesenen Gedenkraums verlässt das mobile Denkmal seine repräsentative Erzählung und verzweigt, verschachtelt sie in einer Vielfalt subjektiver Erzählungen. Dabei bleibt das mobile Denkmal ein Subjekt, ein Mitschreiber von Geschichte, die weder Allgemeingültigkeit noch Übereinstimmung beansprucht, wohl aber die Pluralität sich wandelnder, subjektiver Perspektiven.

Der Versuch, die Mitschreibenden der Pluralität aus den repräsentativen Gedenkräumen zu verbannen („Politik muss woanders stattfinden"), gilt ihrer Weigerung, Vergangenes als abgeschlossene Geschichte hinzunehmen, mit anderen Worten, ihrer Subjektivierung und Pluralisierung von Geschichte. Wenn die Politik, subjektive Sichtweisen aus einer Geschichte zu verdrängen, die sie repräsentieren soll, Staatsräson wird, ist es vielleicht Zeit, Stimmen wie der Ida Finks zuzuhören, die sich die staatlich und gesellschaftlich etablierten Diskursregeln in Sachen Holocaust nicht zu eigen machte. Anfang der 1970er Jahre will die auf Polnisch schreibende Autorin einen israelischen Verleger für ihre Erzählungen interessieren. „Gnädige Frau", teilt dieser der ehemaligen Zwangsarbeiterin mit, „so schreibt man nicht über die Shoah." Finks Übersetzer David Weinfeld bezieht diese Bemerkung auf das, worauf sie in ihren Erzählungen verzichtet: den Aufschrei, das jüdische Märtyrertum, die historische Abrechnung mit der nichtjüdischen Welt, die nationale Bedeutung der Shoah für Israel. Stattdessen interessieren Fink die Mikrogeschichten, die Zufälligkeiten der Einzelschicksale, die kleinen täglichen Erfahrungen von Menschen, die nicht zu Helden und Heldinnen einer Tragödie bestimmt waren, sondern im Nachhinein dazu gemacht wurden. Finks Verzicht auf die nationale Bedeutung des Holocausts und sein Gebrauch für Repräsentationszwecke verteidigt nicht nur das Recht ihrer Protagonistinnen und Protagonisten auf subjektive Erfahrung, es räumt den rezipierenden Subjekten das Recht ein, ihr Gedächtnis subjektiv-pluralistisch zu gebrauchen.

In diesem Sinn lese ich die Outfits der 1995er-Herrenkollektion *Sleep* von *Comme des Garçons*, bestehend aus gestreiften pyjamaähnlichen Kleidungsstücken, Pullovern, Jacken und Bademänteln, die mit Ziffern und Fußabdrücken eines Basketballschuhs bedruckt sind. Der Designerin Rei Kawakubo zufolge ist die Kollektion der Versuch, Loungewear wiederzubeleben, die einst eine wichtige Kategorie in der Herrengarderobe war. „There is no meaning“, betont Kawakubo, ihr Werk sei abstrakt, schreibt Holly Brubach – eine formale Übung. Auch ich denke, dass es keine Bedeutung gibt, weil Bedeutung in der Rezeption entsteht, das heißt, in einer Gemeinschaftsproduktion, sich also in einer fortwährenden Produktion befindet. Und wenn man akzeptiert, dass eine Gesellschaft aus einer Vielfalt von Gemeinschaften besteht, ist Bedeutung nicht, wie man zu sagen pflegt, kontextabhängig, sondern von einer Mehrzahl von Kontexten generiert. Eine „formale Übung“ ist in dem Zusammenhang kein Rückzug ins

Noch-nicht-können, sondern eine politische Haltung in Bezug auf das sogenannte Endprodukt, das auf den Anspruch verzichtet, die endgültige Form gefunden zu haben. Dennoch ist Form auch Information, sie befindet sich stets in der Formation dessen, was sie sagen könnte, wenn man den multiplen Referenzrahmen zulässt, den sie im Gedächtnis hervorruft. Eine *Comme des Garçons*-Hose mit fallendem Schritt bedeutet deshalb nicht Gefangenenkleidung, kann aber diese Referenz auch nicht ausschließen; und ein Kleid mit mehr Ärmeln, als der menschliche Körper an Armen zu bieten hat, öffnet einen multiplen Referenzrahmen, der von verletzten und technologisch zusammengesetzten Körpern bis zu Cyberkörpern einiges einschließt. Das, was wie gesagt in Erscheinung tritt, sagt indirekt, dass es nicht dies oder jenes ist, sondern sowohl *wie* dies als auch *wie* jenes. Es ist ein Bedeutungswandler. Es ist wie ein Satz, der mit „Es erinnert mich an" anfängt und damit bereits sagt, dass „es" mit nichts identisch ist; es ähnelt dem, was im Gedächtnis (das niemand gehört) gespeichert ist.

In *The International Herald Tribune* sah sich Suzy Menkes von den gestreiften Pyjamas der *Sleep*-Kollektion an die deutschen Konzentrationslager „erinnert". Der Fernsehsender *France 2* fabrizierte diese „Erinnerung" durch das Nebeneinanderstellen von Bildern aus der Modeshow und aus Konzentrationslagern. Das Datum der Modenschau, das wissentlich oder unwissentlich auf den 50. Jahrestag der Befreiung von Auschwitz fiel, mag dieser Erinnerung ihre Referenz gegeben haben. Für diejenigen, die bei der Modenschau der Kollektion dabei waren, schreibt Brubach in „Witness for the Defense", war der Holocaust nur eine von vielen möglichen Referenzen, „und eine höchst subjektive noch dazu. Einige

Zuschauer sahen die Show als ein spätabendliches Treffen in einem Jungenwohnheim. Andere waren bestürzt über die Andeutung von Notfall, als wären die Models mitten in der Nacht geweckt worden. Für mich sahen sie aus wie schlaflose Patienten, die auf einer Krankenstation herumlaufen." Als formale Denkübung nehme ich einmal an, dass die *Sleep*-Outfits intentional im Gedenken an KZ-Gefangene produziert wurden, und das Gedenken an sie durch mobile Denkmäler in alle möglichen gesellschaftlichen Räume hineingetragen werden sollte. Wenn behauptet wird, dass dies den Holocaust relativieren würde, dann nur deshalb, weil es relational gedacht ist, weil es das Gedenken an den Holocaust in Beziehung setzen würde, anstatt es als eine ausschließlich jüdische Angelegenheit erstarren zu lassen.

Nach einem Besuch von Mitgliedern des Europäischen Jüdischen Kongresses im Showroom von *Comme des Garçons* wurde nicht nur die Kollektion zurückgezogen und die Bilder der Show aus jeglicher Zirkulation entfernt. Für die Pariser Show der Damenkollektion, die üblicherweise in einem kommunalen Raum im dritten Arrondissement stattfand, wurde Kawakubo die Anmietung verweigert. Mir fällt die MA-1-Fliegerjacke ein, die ein zeitlich unbegrenztes Bleiberecht in der Mode genießt. „This beat is military-sexy", wie es in einer Werbung für die 1994/5-Herrenkollektion von Dolce & Gabbana hieß. Für welches Gedächtnis wird damit geworben? Die Frage stellte sich mir auch im Zusammenhang mit dem Berliner Denkmal für die ermordeten Juden Europas, für das im selben Jahr ein Wettbewerb ausgeschrieben wurde. Laut Ausschreibung sollte das Denkmal keine Gedenkstätte werden, sondern den Gedenkstätten an historischen Orten des NS-Verbrechens

„zusätzliche öffentliche Aufmerksamkeit verschaffen". Zusätzliche Aufmerksamkeit klingt in meinen Ohren nach etwas, wofür man Werbesprüche in Auftrag gibt. Es mag sein, dass „gedenken an" und „werben für" nicht ganz scharf voneinander zu trennen sind, aber auf welches Produkt soll hier die Aufmerksamkeit gelenkt werden? Die Ausschreibung differenziert: „Gegenüber der Informations- und Dokumentationsaufgabe einer Gedenkstätte richten sich das Denkmal und der Ort der Erinnerung an die kontemplative und emotionale Empfänglichkeit des Besuchers." Da ich meine emotionale Empfänglichkeit in dieser Angelegenheit nicht weiter strapazieren möchte, mache ich mich gleich ans Kontemplieren. Entgegen der Etymologie der Kontemplation, höre ich im Kontemplieren das französische *pli,* Falte, und wühle mich durch die Falten, die die Sprache der Werbung im Gedächtnis wirft. (1)

Im verbreiteten Sprachgebrauch verweist die Redewendung „wie gesagt" rückwärts. Sie spielt auf Vergangenes an, das als bekannt vorausgesetzt werden darf. Zugleich bestätigt „wie gesagt", dass eine Ähnlichkeit zum gegenwärtigen Sachverhalt vorliegt. Das, was wie gesagt erscheint, adressiert nicht so sehr den als bekannt vorauszusetzenden, vergangenen Sachverhalt, sondern die Ähnlichkeit. Anders als die Gleichsetzung führt die Ähnlichkeit in das Unbekannte im Vergangenen, das nur als das Mögliche wiederholt beziehungsweise wiederaufgeführt werden kann. „Die großen weltgeschichtlichen Thatsachen" mögen sich, wie Karl Marx schreibt, „so zu sagen zweimal ereignen [...]: das eine Mal als große Tragödie, das andre Mal als lumpige Farce". Doch einzelne Zeichen aus der Weltgeschichte entwischen ihrem Schicksal, einer einzigen Geschichte zugeschrieben zu werden. Sie wiederholen sich mehrmals und schreiben die Partitur einer Sequenz fort. Jede ihrer Wiederholungen ist, mit George Kubler gesprochen, ein Beweis dafür, dass es sich um eine offene Sequenz handelt: „[J]edes Problem der Vergangenheit kann unter neuen Bedingungen reaktiviert werden“ und dadurch eine Sequenz wieder öffnen. „Manche Sequenzen erfordern das Zusammenwirken vieler unterschiedlicher Arten von Sensibilität.“ Nur wer wie Sander L. Gilman glaubt, dass eine Geschichte dort endet, wo die eine oder andere Erzählung von ihr zu Ende geht, kann auf die Idee kommen, dass Avram Finkelstein den Rosa Winkel, den Homosexuelle im KZ tragen mussten, „nicht verstanden hat“. „He got it wrong“, sagte Gilman in Bezug auf das *Silence=Death*-Plakat, das Finkelstein (übrigens im Sechs-Personen-Kollektiv) zur Zeit der Aids-Krise gestaltet hat. Das Plakat zeigt einen Rosa Winkel in umgekehrter Richtung als im KZ getragen. Wenn es aber darum geht, die Sequenz der Diskriminierung von Homosexuellen durch die NS-Politik *und* durch die Reagan-Regierung als offen, das heißt als fortdauernd zu zeigen, ist falsch richtig. NS-Praktiken für Homosexuelle schlug der konservative William F. Buckley Jr. vor, indem er in einem Meinungsartikel dazu aufrief, HIV-positive Menschen durch eine Tätowierung identifizierbar zu machen. Damit war für das Kollektiv, das zur Hälfte aus jüdischen Mitgliedern bestand, das Thema des Plakats gegeben, schreibt Finkelstein. Zugleich war es ihnen wichtig, keinen Körper eines bestimmten Geschlechts oder einer bestimmten „Rasse“ auf dem Poster abzubilden, und so fiel ihre Wahl auf den Rosa Winkel.

— Marlene Gürgen, „Am Denkmal ist kein Platz für Politik“, *Die Tageszeitung* vom 13. August 2018. — Regeln für Besucher, kz-gedenkstaette-dachau.de. — Isolde Kurz, „Schlafen“, in: *Lebensfluten,* Stuttgart und Berlin 1923. — Shiri Lev-Ari,

„Gnädige Frau, so schreibt man nicht über die Shoah“ (Hebr.), *Haaretz* vom 20. Oktober 2007. — Holly Brubach, „Witness for the Defense“, *New York Times* vom 2. April 1995. Alle Zitate aus dem Englischen sind, wenn nicht anders erwähnt, von mir übersetzt. — Suzy Menkes, „Auschwitz fashions draw Jewish rebuke“, *International Herald Tribune* vom 2. April 1995. — Dolce & Gabbana, Werbeprospekt für die Herrenkollektion 1994/5. — Stefanie Endlich, „Realisieren um jeglichen Preis? Zum geplanten Denkmal für die ermordeten Juden Europas“, *kunststadt stadtkunst* 43, 1998. — Karl Marx, *Der achtzehnte Brumaire des Louis Bonaparte*, Frankfurt a.M. 2007. — George Kubler, *Die Form der Zeit. Anmerkungen zur Geschichte der Dinge*, aus dem Englischen von Bettina Blumenberg, Frankfurt a.M. 1982. — Sander L. Gilman, „Who are the Nazis; who are the Jews? The Holocaust in the NOW“, Vortrag auf der Konferenz *Hijacking Memory. Der Holocaust und die Neue Rechte*, im Haus der Kulturen der Welt am 9. Juni 2022, https://archiv.hkw.de/de/app/mediathek/video/91237. — Avram Finkelstein, „A History of Silence“, *Tablet* vom 27. November 2019.

(1)

Wie gesagt. Theater- oder Taxistück

Aufzeichnung:

Past and future. Deep roots. Love of homeland. Footlights. The last of the just. Pure crystal. Smooth shave. Electric boiler. Alternating current. Open window. Faithfull friends. Natives. Bullfighter. Wedding march.

Ein Wort ist auf der Suche nach einer Stelle, wo es gebraucht wird. Zwischen Geometrie und Geografie herumirrend, pausiert es regelmäßig auf einer Gebetsbuchseite oder einer Megawerbefläche, saisonal auf einem T-Shirt. Auf diese Weise gerät es in eine Wort- und Tonspur, die mit Mode- und Gebetsaccessoires in architektonischer Dimension dargestellt ist. Auf dieser Spur Architektur wird unserem Wort ein Gespräch zuteil, das von einem Türsteher, zeitweise von einer Souffleuse getragen wird.

Türsteher und Souffleuse sind nicht im übertragenen Sinn zu kleiden. Es handelt sich um real verankerte Berufe. Es ist hier an praktische Berufskleidung zu denken, die regelrecht in tragendem Sinn genäht wird, sodass man zum Sprechenden ihrer Sprache wird, solange man sie trägt. Unklar ist, ob Türsteher und Souffleuse tragen oder davongetragen werden, von der Idee, dass die Sprache keinen Selbstmord begehen kann, dass die Sprache auf sie angewiesen ist.

Weitere Rollen sind in einen ständigen Wechsel verwickelt, der mittels einer Garderobe stattfindet: Mode-Soldaten und Soldaten anderer Moden, Steinmetzin und Klappentexterin, Eintrittssuchende und Laufstegmodels, Übersetzer- und Umkleidekabinen, Unaussprechlichkeit und Dress-Code, Bewerberin, Silhouetten und Call-Boys.

Der Call-Boy ist – persönlich oder via Funkgerät – stets in einem Taxi. Es ist eine Art Sammeltaxi; Preis, Abfahrts- und Ankunftsstelle sind fixiert, die Route nicht. Durch die Vorderscheibe ist ein gewöhnliches Straßenleben zu sehen; im Rückspiegel läuft ein Film: zwei Männer auf der Suche nach dem verlorenen Knopf eines Markenanzugs, Handschuhe an den Händen. Man hört sie nicht, ihren Gesten nach sprechen sie eine Sprache, die sich auf Kombinationen von A, B und Bindestrichen zu beschränken scheint.

Der Fahrer fährt, wenn möglich ohne Unterbrechung, Straßenampeln werden vermieden; wenn sie vorkommen, respektiert er sie durch Halten. Sobald er hält, hört die Knopfsuche im Spiegel auf. Im Rückspiegel und durch die Vorderscheibe sieht man jetzt die Straße in zwei verschiedenen, wie von derselben Modenschau stammenden Aufnahmen.

An jeder Ampel steigen eine Frau und ein Mann in das Taxi ein, um an der nächsten wieder auszusteigen, während eine andere Frau und ein anderer Mann einsteigen. Das wiederholt sich so lange, bis diese Personen den Text von Türsteher und Souffleuse gesprochen haben. Sie sprechen, sobald die Ampel grün wird, und hören mitten im Satz auf, wenn sie an einer roten Ampel halten. Je nachdem, wie der Fahrer sich für das Gespräch interessiert, ändert er die Route. Bis auf die Arbeitserlaubnisnummer und die Musik, die er auflegt, ist über den Fahrer nichts bekannt.

Türsteher:

Es sind zu viele Wörter, die sich in verschiedene Gedanken haben verwickeln lassen und noch mehr, die sich mit Gegenständen so vertraut gemacht haben, dass sie als Wörter nicht mehr zu erkennen sind. Unter diesen Umständen wird die Sprache nie Selbstmord begehen können.

Souffleuse:

Wenn ich hinter der Bühne souffliere, ohne von denjenigen gehört zu werden, die mich hören sollen, und laut Soufflieren und leise Schreien nicht mehr auseinanderhalten kann, verstehe ich, dass das Wort von diesem Gerenne zwischen gesagt und vergessen werden müde klingen kann. Aber dass die Sprache Selbstmord begehen könnte, das wäre ein Wunder.

Türsteher:

Die Wörter sind in Familien organisiert; feminin, maskulin und neutrum sind darin vertreten; manche sind Sinnverwandte und pflegen Beziehungen, andere schließen sich kurz zusammen, um die Entwicklung von Rohstoff zu Sprengstoff voranzubringen. Gott sei Dank verlangen die Wörter nicht nach einem eigenen Staat oder einer eigenen Sexualtheorie. Soweit meine Erfahrung: jeden Abend ein Defilee Eintrittssuchender, die immer mehr Stoff brauchen, um ihren Willen, nackt zu sein, zur Sprache zu bringen. Sie kommen von weit her und haben immer eine Geschichte und ein Taschenwörterbuch bei sich. Obwohl sie für die Geschichte, die sie zu erzählen haben, das Büchlein nicht brauchen; die ist mit ihren Kleidern so gut wie vorausgesagt, die hängt an ihnen und geht aus ihnen hervor: bald denke ich, bald ziehe ich mich um; ich bin, was ich anziehe; ich bin, wie ich aussehe. Haben Sie meinen neuen Trenchcoat gesehen? Den hat mein Großpapa von seinem Chef bekommen, nachdem er für ihn einen Schützengraben auf unserer Zitronenplantage gegraben hat. Es ist zweifelhaft, ob es unter den Zeitwörtern eines gibt, das dem Eintritt dieser Leute einen Dienst leisten kann. Einen Aufnäher, um ihre Herkunft zu kennzeichnen, halten sie auch nicht für nötig. Sie verbinden mit ihrer Ankunft einen Aufstieg und stellen sich dafür den Raum als unendlich vor. Für sie ist der Sprachraum ein Clubraum.

Sie suchen nicht die Eingangstür. Sie wissen: Durch die Tür hineinzugehen heißt noch nicht, den Eintritt geschafft zu haben, da hilft auch ein Laufstegschritt nicht. Man ist angezogen, heißt für sie, jeder Gang ist ein Defilee. Auf sie warte ich, jeden Abend, sprachlos und mit einem Dress-Code. Sie tanzen in jener Heiterkeit, von der manche Brücke zu der Heiterkeit der Märtyrer führt. Sie sind so sehr Geist, dass ihnen das wirkliche Leben, Blut und Verfolgung und Schicksal, nichts mehr anhaben können. Als ob es sich herumgesprochen hätte, dass ich an der Tür zum Paradies oder aus der Hölle stehe.

Souffleuse:

Der Gebrauch vermischt den Gedanken und seinen Gegenstand so sehr, dass das Denken beinahe ständig eine Figur ist. Denken Sie an irgendein Geschehen, das in Ihrem Leben eine Rolle gespielt hat oder spielen wird. Auch eine unbedeutende Rolle kann in jedem Leben vorkommen. Denken Sie, wie Sie die Sprache für diese unbedeutende Rolle beanspruchen. Bald drängt sich da eine Figur auf, wie aus Wörtern gemacht, die noch unzählige andere Rollen spielen können. Darin besteht eben die Eigenständigkeit der Sprache: dass ein Wort zweimal gesagt werden kann, ohne die Auskunft schuldig zu bleiben, wo es schon einmal zu hören war, und zum wievielten Mal es jetzt gesagt worden ist. Die Sprache übernimmt ihre Rollen im Leben zu den unerwartetsten Zeiten, aber ihren Tod selber zu inszenieren, dazu ist sie nicht in der Lage. Sie ist zu sehr in einen Rollenwechsel verwickelt, der zwar räumlich bedingt, aber nicht begrenzt ist. Ich bin eine Souffleuse. Verzeihen Sie mir, wenn ich Sie an etwas erinnere, aber das ist nun mal mein Beruf. Erinnern Sie sich, wie dieses Kind Zitronen aus dem Auto holen ging und Stunden später mit dem Hubschrauber aus dem Fluss geholt worden ist? Das war in, helfen Sie mir, einer Gegend, die bestimmt kartographisch als ein Sprachraum verzeichnet ist, in einer Sprache, die in jede andere übersetzt werden kann, wo auch immer. Diese Zitronen mussten irgendwo herkommen, oder nicht? Sie mussten gepflanzt und bewässert und bewacht werden, dann von Feldarbeitern* in Säcke geworfen und gewogen werden und dann in Kisten gekippt und im Zug oder Lastwagen transportiert werden, zu diesem gottverlassenen Ort, wo man, außer seine Kinder zu verlieren, nichts machen kann! Verstehen Sie denn nicht, dass die Sprache, solange es Zitronen gibt, keinen Selbstmord begehen kann, weil es noch ein Kind gibt, das Zitronen aus dem Auto holen geht, und ein Auto, wo die Zitronen liegen, und Zitronen, die von Feldarbeitern* in Säcke geworfen und gewogen werden, und einen Hubschrauber, der das Kind aus dem Fluss holt, und einen Vater, der Stunden später nicht mehr an Zitronen denkt, jedenfalls nicht, wie er bisher an Zitronen gedacht hat.

Nehmen Sie Stoff oder, wenn Sie wollen, auch Sprengstoff, aber welcher Raum soll da gesprengt werden? Wo fahren Sie hin?

Meine Erfahrung ist nicht der Rede, aber des Hörens wert. Sie ist aus zweiter Hand. Mir ist seit geraumer Zeit ein Wort in den Mund gekommen, das sich in Überlebensgeschichten verwickelt hat. Diese Geschichten können angeblich nicht erzählt werden, da diejenigen, die etwas überlebt haben, darauf insistieren, dass man es dann nicht erzählt bekommen braucht, und wenn man es nicht überlebt hat, würde man es ohnehin nicht verstehen. Dieses Wort, wäre es, wie man sagt, zu Wort gekommen –

Türsteher:

– würde ich arbeitslos werden. Dieses Wort kann der Code sein, der die Sprachlosigkeit einer Überlebensgeschichte brechen wird. Davor schütze ich, und zuerst mich. Eines Abends, es ist Winteranfang, treten die Eintrittsuchenden mit MA1-Fliegerjacken auf. Darunter gibt es, je nach Schicht, Tarnnetze oder Trauerschleier, alles in fröhlichen Farben. Ich stehe an der Tür – das ist mein Beruf – und mir liegt der Dress-Code für jenen Abend auf der Zunge. Ich spreche ihn nicht aus, sondern sehe nach, bei welchem der Eintrittssuchenden das Wort in den Kleidern steckt. Würde ich es aussprechen, wäre es ihnen klar geworden, dass das Paradies und die Hölle ein und derselbe Ort sind, den man nur, je nachdem, ob man dahin geht oder daher kommt, anders ausspricht; es wäre ihnen klar geworden, dass dieser Ort auf keinen Fall hinter der Tür, vor der ich stehe, zu finden ist. Oder haben Sie schon mal jemanden kennengelernt, der aus dem Paradies zurückkommen will? Manche Worte sagen an einer Stelle etwas, unter der Bedingung, dass sie an einer anderen Stelle nicht gesagt werden. Für Worte, die am Herumirren sind und womöglich in Ihrem Mund eine Aussprache suchen, können Sie den Call-Boy-Service in Anspruch nehmen. Die Call-Boys benachrichtigen Sie rechtzeitig –

Hier ist der automatische Anrufbeantworter der Call-Boy-Service GmbH. Der Call-Boy kommt nur, damit seine Kleidung da ist. Er hat immer zwei Handys bei sich. Das eine ist ein Telefon, das im Volksmund Handy heißt, da es mitgenommen wird, das zweite ist als Handy patentiert, da es gehalten werden muss. Es handelt sich um ein stabil konstruiertes Schema, woran Nylonschnüre befestigt sind, die die Kleidung gespannt halten, wie in einer Schaufenstervitrine. Wenn sich ein Gespräch zwischen beiden Handys einstellt, löst eine Reihe von Vibrationen die Spannung der Nylonschnüre auf und bringt ein verbal bedingtes Nacktsein hervor. Unmittelbar darauf benachrichtigen wir Sie über die Wörter, die dieses Nacktsein verursachten, und die Sie in Ihrer Code-Sprache vermeiden sollen. Für weitere Informationen über die Kleidersprache drücken Sie die 1. Wie Sie sich bedecken und enthüllen, hören Sie, wenn Sie die 2 drücken. Im Dienste Ihrer Intimsphäre in der Öffentlichkeit, Ihr Call-Boy Service. Dieser Anruf ist kostenlos.

Türsteher:

Ist das schon die Endstation?

Taxifahrer:

Noch nicht. Davor kommt mein Lieblingsstück.

Souffleuse:

Ich schütze mich lieber vor Sätzen, an deren Ende eine Figur auf mich wartet. Wo Wörter die Organisationsform der Menschen und die Organisationsform ihrer Sprache aufeinander übertragen. Ein gutes Kleidungsstück, selbst wenn auf Figur geschnitten, trägt immer noch etwas anderes als die Tatsache, dass es getragen wird. Es tut immer noch etwas anderes, als den Körper zu bedecken. Es ist in jeder Bewegung zu sehen, dass ein Kleidungsstück die Unregelmäßigkeit der Bewegung zur Sprache bringt. Das tun figurative Sätze nicht. Sie halten sich fest an den Körper ihrer Beschreibung, weil sie die Bewegung, die die Sprache ausmacht, nicht aushalten, weil sie nicht aushalten, dass die Sprache ein System ist, das keine Gebrauchsanweisung von sich liefert. Sie arbeitet, aber das Nähen ihrer Arbeitskleidung ist nicht wörtlich zu nehmen, sondern beim Satzbau einzukalkulieren. Damit der Raum für diese Arbeit nicht ebenso auf Figur geschnitten und mit ihren drei Kleiderordnungen eingerichtet wird: nackt im Paradies, angezogen im Club oder verkleidet auf der Bühne.

Aufzeichnung:

Es wird immer unklarer, ob der Taxifahrer die Fahrgäste versteht und Umwege macht, solange er zuhören will, oder ob sie sprechen, solange er fährt. Jetzt hält er, es ist rot, und eine Frau mit einem klingelnden Handy steigt ein. Das Handy ist in ihrer Tasche, die ein durch Knoten zur Handtasche umfunktioniertes jüdisches Gebetstuch oder ein arabisches Kopftuch ist. Die Frau nimmt das Handy aus der Tasche heraus und stellt die Mithörausrüstung an: *Smooth shave* to *Electric boiler*, *Smooth shave* to *Electric boiler*, vor dem kleinsten Denkmal Europas, größte Anzahl Ermordeter unter Gedenkdrohung. Die Lage verschärft sich durch den Auftritt zweier Wörter, die jedes für sich im Ton einer Kampfbereitschaft beanspruchen, für dieselbe Gruppe Ermordeter zuständig zu sein.

Doch ein Telefonanruf verschiebt den Kampfausbruch, der Lebensgefahr gleich, die dem Gläubigen erlaubt, den Gottesdienst auszulassen. Woraufhin er im

Nachholbedarf gleich ganzkörperlich zu Gott strebt und zum Schneider geht, um einen Anprobetermin für ein Märtyrerjäckchen zu bekommen. Der Dress-Code, der – wie Gott – raumsprengend ist, bleibt unaussprechlich. Die Schneiderei hat kein Schild an der Hausfassade, jeder, der es wissen soll, weiß, dass sie die Einzige ist, die mit selbstgewebten Futterstoffen arbeitet; der Kampfausbruch verschiebt sich – finanzielle Schwierigkeiten, man hat zu Spenden aufgerufen. Denn die Idee der Gewinnergruppe, alle Namen der Ermordeten in einen Stein von Rekordgröße einzumeißeln, hat den Kostenrahmen der Ausschreibung des Wettbewerbs für das große Denkmal gesprengt; der Kampfausbruch verschiebt sich – man hat zu Spenden aufgerufen, aber bislang wurde nur eine Wortspende gemeldet. Eine himmelblau gekleidete und vermummte Person, eine Art Silhouette, die ständig Dimensionen wechselt, hat ein Übersetzungsbüro gestürmt, wie wenn es eine Bank wäre, und nichts verlangt, aber eine Video-Kassette hinterlassen, bevor sie in einem Stadt-Jeep verschwunden ist. Eine ähnlich vermummte Person spricht darin in Ich-und-sie-Form, wohl sich und den Staat meinend. *Smooth shave* spielt es für *Electric boiler* in das Handy: Ich habe sie gebeten, sich den Namen meiner Familie zu ersparen. Sie sagten, dass sie sich von einer gewöhnlichen Bank dadurch unterscheiden, dass sie nur zum Empfangen da wären. Sie wüssten auch nicht, wie man den Aufruf zum Entfall einer Namensspende annonciert und auf welches Konto das Geld, das nicht eingehen würde, überwiesen werden soll. Im Unterschied zur Familie oder Firma unterhält der Staat kein Privat- oder Geschäftskonto. Und hätten Sie es denn nicht gerne, fragten sie, dass Ihr Geld in Steinaussparungen konvertiert würde, mit dem Gewinn eines Namens für Ihre toten Verwandten?

Seitdem „Jude“ als Beruf an der Gedächtnisbörse aufgetaucht ist, glauben alle, die sich an „Juden“ erinnern, beruflich erfahren zu sein. Sie sagten weiter, dass es unmöglich sei, Einverständnisse von den Einzumeißelnden einzuholen und Nachfahren zu verständigen schon aus Kostengründen nicht in Frage käme. Schließlich gehörten die Toten dem Staat und würden von ihm mit einem Stein zusammengebracht werden.

Was kann eigentlich der laizistische Staat noch von einem laienhaften Juden wie mir wollen? Auffällige Hosentaschen habe ich schon, doch nicht, damit jeder Gläubiger seine Schuldscheine darin zerknittern lässt.

Meine Familie war mit Stoffen gut im Geschäft und lebte im Geist der Geschäftsleute. Das Geschäftsverbot hat sie ihrer Geschäftigkeit enteignet. Aber den Geist? Selbst als ihr das Geschäft verboten wurde, ich meine, als sie gesellschaftlich totgestellt wurde, wann hätte sie den Geist aufgeben sollen?

Denken Sie, dass mir da was fehlt? Dass ich Ansprüche auf diesen Geist haben sollte? Um ihn zu erben und seinen Erinnerungswert zu versteigern? Erinnerungswert ist mir die sprachliche Sorgfalt, mit der meine Familie im Auftrag des Gesetzgebers benannt worden ist. Die Sprache ist auf Dauer eingerichtet, sie garantiert aber nicht, dass all diejenigen, die von ihr Gebrauch machen und machen werden, einander kennen. Man soll schon jemanden kennen, bevor man sich an ihn erinnert.

Bei Fachleuten in Kreisen der Gedächtniswirtschaft hat es sich anscheinend noch nicht ganz herumgesprochen, dass – zeitgleich mit dem Wiederaufbau der Großstädte und unweit davon – das Stetl zum Großstetl geworden ist, das seine Toten eigenständig auffächert. Nicht nur mit eigenem Gesetz und eigener Sprache, sondern auch noch im eigenen Land. Da gehören noch mehr Eigenschaften dazu, die allerdings mit Laienhaftigkeit nicht in Verbindung zu bringen sind, nicht einmal als Haupt- und Nebensatzteile. Es gibt Forschungsstätten, wo diese städtebauliche Entwicklung in den Zusammenhang von satzbaulichen Stillständen gestellt wird. Demnächst soll dort untersucht werden, wie einträglich die Erinnerung für das Bruttosozialprodukt ist.

Auf Wunsch der amerikanischen Lobby bitte das Wort „Jude“ mit einem Piepston ersetzen bzw. die Sätze, in denen das Wort vorkommt, so umstellen, dass das Wort in ihnen nicht mehr nötig ist.

Die Stelle, wo das Wort war, soll nach der Umstellung des Satzes für die Aufnahme ähnlicher Wörter ausgebaut werden – Empfehlung der Gesellschaft für eigenständiges Wortverhalten in Handys e.V.

Eigenständig verschwindet das Wort aus der Sprache.

Smooth shave entschuldigt sich für das durch Piepsen unhörbar gemachte Wort. Zu begrüßen wäre, man würde den Türsteher sachkundig darüber machen, dass das Wort, wenn es gestickt wie gedruckt auf Kleidern auftaucht, als Mode zu nehmen ist.

Die Frau wendet sich den Taxigästen zu, entschuldigt sich dafür, dass sie alles mithören mussten. Aber es ginge um einen wichtigen Auftrag, den sie auszuführen habe. Sie sei eine Steinmetzin, sagt sie in besorgtem Ton über ihre berufliche Zukunft, und mit diesem Auftrag soll diese Zukunft anfangen, sobald sie aus dem Taxi ausgestiegen sein wird. Sie fahre zu einer Marmorbesichtigung, fügt sie hinzu.

Steinmetzin:

Bis vor kurzem war ich noch Klappentexterin. Hin und wieder kam ich mir wie eine selbsternannte Sozialarbeiterin für Wortfamilien vor. Diese Familien sind aber keine biologischen Familien, sondern werden auf Interessen gegründet. Da rutschte mir der Boden unter den Füßen weg. Der Bericht der Klappentexterin empfiehlt der lesenden Zielgruppe eine Investition. Der Bericht der Sozialarbeiterin erinnert die Regierung an ihre Regierten. Klappentexterin oder Sozialarbeiterin, was immer Ihrer Zunge besser steht, beide sind mir eigentlich viel zu sehr von dieser Welt. Ich möchte die Erinnerung an die Ewigkeit empfehlen. Und wenn ich das im Auftrag machen kann, tue ich das. Ausschlaggebend war ein Gespräch mit unserem Geschäftsführer. Er selber übernimmt die Geschäftsführung einer Firma, die Brautkleider, Trauerschleier und Tarnanzüge zusammenmontiert. Allein in der Stadt aus heiligem Stein soll diese Firma mehr Einnahmen gemeldet haben als *Dolce & Gabbana* in allen Tekkno-Clubwear-Shops Bayerns zusammen. Das mag geographisch oder wirtschaftlich gedacht sein, aber wenn man nicht das letzte Wort hat, muss man mindestens mit der Zeit gehen. Das ist mein Logo: Lebe dein Leben auf Nicht-Logo-Weise. Das ist auf meine Kopfbedeckung in goldener Borte gestickt, wie Sie vielleicht schon gesehen haben. Für mein gelbes Deuxpièces habe ich eine passendere Kopfbedeckung im Schrank hängen. Es gibt Accessoires, für die es keine Gelegenheiten gibt. Sie machen den Schrank voll und die Sprache reich. Wie Wörter, die man nie haben wird.

Souffleuse:

Andere zu erinnern ist der Steinmetzin und mir gemeinsam. Und dass wir für die dafür nötigen Wörter nicht einmal selber aufkommen müssen. Bei uns im Theater sagt man, dass Vergessen dann eintritt, wenn man spricht und dabei denkt: irgendwann bin ich nicht mehr auf der Bühne oder in der Welt. Mitten im Satz von der Bühne heruntersteigen kann man nicht, beim Denken ertappt werden will man auch nicht. Manchen Wörtern tut es nicht gut, wenn man an sie denkt, während man andere spricht. Da kommt einem *afterworld* in den Sinn, so plötzlich wie ein Fremdwort zu kommen pflegt, so sinnfremd wie ein Ornament an einem Sarg steht. Mir bleibt das Soufflieren. Und zwar so, dass man mit den Wörtern, die vorkommen, erinnert wird, wo man ist. Dort nämlich, wo man hört, dass man von einheimischen Wörtern verlassen ist und davon bewegt wird. Es gibt Sätze, die Ereignisse beschreiben, an denen Menschen teilnehmen, ohne erwähnt zu werden, nicht einmal als dritte Person. Es gibt Ereignisse, die Menschen teilnehmen lassen, ohne dass ein Satz daraus wird, obwohl Wörter involviert sind. Es geschieht, dass Menschen an einem Ereignis teilnehmen, ohne sich in Verbindung damit zu erinnern, nicht einmal als Name. Es geschieht, dass der Teilnahme an einem Ereignis keine Erwähnung folgt, aber eine Übersetzung.

Steinmetzin:

Der Marmor, den ich zu besichtigen fahre, soll von einem wunderschönen, altmodischen Theater herkommen. Einem, das so ausgesehen hat, als würde es von Engeln zusammengehalten werden.

Türsteher:

Das Haus, in dem ich mich mit meinem Soundingenieur treffen soll, wurde mir als ein alter Marmorpalast beschrieben. Wir wollen schauen, ob er sich für unseren Club eignet.

Souffleuse:

Ich arbeite in einem jener altmodischen Theater, die so aussehen, als würden sie von Engeln zusammengehalten. Braungoldene Engel stützen die Decke, sie stützen die Logen, sie scheinen sogar den Balkon mit über vierhundert Zuschauern stützen zu können. Viele Menschen haben einen großen Teil der Vorstellungszeit darauf verwendet, diese staubigen Goldengel anzustarren und sich vorzustellen, wie erleichtert sie wären, wenn ihnen die Decke einmal auf den Kopf fallen würde.

Taxifahrer:

Das ist mein Lieblingsstück.

Aufzeichnung:

Der Taxifahrer hält am Rand eines großen öffentlichen Parkplatzes. Durch die Vorderscheibe sieht man das Theater und im Rückspiegel das, was sich hinter dem Fahrzeug abspielt. Während der Fahrer die Kassette im Recorder zurückspult und den Vorhang seines Fensters zuzieht, sieht man durch die Vorderscheibe, wie das Theaterdach einstürzt. Die Engel sollen – wenn auch über Umwege – davongekommen sein. Der Lärm des Sturzes wird nicht übertragen. Es ist wie in einem Stummfilm, nicht einmal wie in einem Fernseher, wo man die Lautstärke höherstellen kann. Von einer Seitenstraße kommt eine Reihe Bulldozer, als wären sie für eine Inszenierung vorbestellt. Die Bulldozer führen sich erst im Rückspiegel des Taxis vor und fahren dann auf die Gebäudereste zu. Im Taxi läuft erneut das Lieblingsstück des Fahrers, parallel dazu ist eine Mischung von Sirenen zu hören. Es ist unklar, ob es sich um Feuerwerks-, Kriegsausbruchs- oder Gedenksirenen handelt, auf keinen Fall ist es ein Hochzeitsgehupe. Von dort, wo das Büro des Intendanten war, zwischen Wandstück mit dem Bild des Gründers und Bürotisch, hört man die Stimme einer jungen Frau. Es muss sich um eine Aufnahme handeln, denn trotz des Einsturzes spricht sie wie gedruckt ihre Bewerbungsrede weiter, und fängt, sobald sie zu Ende ist, erneut damit an:

Bewerberin:

Ich bin froh, aus dem Land zu sein, aus dem ich herkomme. Weil dort nicht Geld oder Status zählt, sondern das Leben. Ich arbeite gern dort, wo ich zu Hause bin, aber erst, nachdem ich mich und meine Arbeit hier aufgebaut habe. Dort macht es Spaß, weil alles so familiär ist. Wenn ich etwas in der Welt mache, gibt es niemanden, bei dem es mir wichtig wäre, dass er mich sieht. Alles, was ich hier mache, ist bedeutungslos, wenn ich es nicht dorthin bringe, nach Hause.

Aufzeichnung:

Eine Gruppe Eintrittssuchender, die sich in dem Gebäude versteckt hat, um schon drinnen zu sein, wenn es zum Club dresscodiert wird, macht sich bereit. Man sieht die Gruppenmitglieder, wie sie im Laufstegschritt zwischen Übersetzungskabinen und VIP-Logen hin und her gehen, um sich umzuziehen.

Bewerberin:

Als ich achtzehn Jahre alt war, wollte ich dahin zurückgehen, woher mein Vater kommt. Mein Vater aber sagte, man ginge nur dahin zurück, woher man selber kommt. Diese Vorstellung vom Zurückgehen hat er vom Übergangslager am Lech. Dort hat man abends – falls man sich nicht von Gesandten aus aller Welt in ein Löwenbräulokal hat schleppen lassen – die Weltkarte angestarrt, um eine Vorstellung davon zu bekommen, wo die Länder sein sollen, die im Gespräch waren. Man geht zurück, hieß dort, dass man dahingeht, wo man hergekommen ist. Also könnte ich nicht dahin zurückgehen, wo ich nie gewesen bin. Doch als junges Mädchen las ich viel und fand in Büchern, wer meine fernen Verwandten sind und wo ich hingehöre. Vater und Mutter im Leben sind nur störend. Mein Vater nannte mich eine Wohnzimmerrevolutionärin. Das war meine erste Rolle.

Aufzeichnung:

Die Bulldozer scheinen den Auftrag zu haben, das Gelände mit einem Netz von Schützengräben zu durchziehen und die gegrabene Erde zu einem spiralförmigen Laufsteg aufzuhäufen. Ein Streit bricht aus zwischen der Gruppe Eintrittssuchender und den Bulldozerfahrern. Außer T-Shirts mit dem Aufdruck der Importfirma

Himmel und Erde will die Gruppe Eintrittssuchender Kleider vorführen, die jeweils vorne und hinten einen Halbsatz-Aufdruck haben. Auf einem geraden Laufsteg würden sich je zwei Halbsätze auf je zwei Kleidern ergänzen. Auf einem spiralförmigen Laufsteg ist das Lesen schwieriger, da man die Halbsätze nur hintereinander und in einem Winkel zueinander sieht. Die Bulldozerfahrer wurden aber über eine Trenchcoat-Modenschau informiert, wo am Ende Calvin Kleins Eternity-Parfum in die Luft gesprüht werden soll.

Bewerberin:

Mein Name wird Ihnen nicht viel sagen, weil er nur dort, wo ich herkomme, oder in Schauspielerstädten wie L.A. etwas sagt. Ich wohne in einem Gebäude, das früher Marylin Monroe beherbergt hat, in einer Wohnung, in der eine „New-Yorkerin der Woche" gewohnt hat, die dank ihrer 22-Millionen-Dollar-Spende für die Mädchen-Jeschiwa in Brooklyn diesen Titel bekommen hat.

Aufzeichnung:

Die Gruppe Eintrittssuchender entscheidet sich für einen Protest und zieht Hemden an mit Applikationen der deutschen Fahne wie auf Bundeswehr-Uniformen, darüber kommen Daunenjacken von Ralph Lauren mit Applikationen der amerikanischen Fahne. Die Gruppe beginnt zu summen. Das ähnelt der Tonspur eines Video-Clips, der in den Schaufenstern eines Unternehmens zu sehen war, das sich *Die Straße gehört uns* nennt. Dieses Unternehmen kauft bestellte und nicht abgeholte Maßarbeit und verkauft sie als Restposten eines Massenartikels. Es handelt sich um eine Firma, die sich sehr häufig, manchmal für die Dauer einer einzigen Kontobewegung oder eines Umzugs, an- und abmeldet. An den Häusern, die die Firma aufgegeben hat, hängen noch Schilder, auf denen man lesen kann: *Die Straße gehört uns 1*, *Die Straße gehört uns 2* usw. Die Bulldozer haben nun den Laufsteg an den Gehsteig der benachbarten Straße angeschlossen. Ein Abschluss der Modenschau ist nicht abzusehen. Der Taxifahrer wird die Fortsetzung auf seinem Rückweg im Autospiegel anschauen müssen. Sollte die Modenschau aus irgendwelchen Gründen, zeittechnischen zum Beispiel, doch zu Ende kommen – bitte mit einer symbolischen Zeremonie. Diese könnte die Gelegenheit für eine Ortsangabe sein. Vielleicht die Kostümenthüllung einer gewissen Outdoor-Statuette in einer gewissen Hauptstadt. Vielleicht das Kostüm eines zionistischen Falafelverkäufers oder das einer vietnamesischen VEB-Arbeiterin, die in Nach-DDR-Zeiten per Abkommen von Deutschland nach Vietnam geflogen worden ist und am Heimatflugplatz ihrer Vorfahren ankommt. Die Vertreiber-Windjacke der Zigarettenfirma *Golden American* kann hier in Erwägung gezogen werden.

Bewerberin:

Ich bin nicht als Person interessant, sondern als Geldeinnahme. Wenn ich irgendwo auf der Welt Arbeit bekomme, werde ich nie wieder dahin zurückgehen, wo ich herkomme. Das heißt aber nicht, dass ich keine Beziehung mehr dazu habe. Es ist, wie wenn man mit dem

Partner wohnt, aber weiter die Mutter liebt. Probeaufnahmen von mir kommen mit der Post nach, fünfjährig als Kleinbuddha auf der Jakobsleiter, sechsjährig als Moses auf dem Berg Sinai, achtjährig als Superman auf einem Wolkenkratzer in Oklahoma, zwanzigjährig als Polizist in einem Studenten-Politkrimi und anschließend in einer Werbung für Magnum Eis. Meine Bewerbung wurde von der Agentur „Weltbiografie für Schauspieler" zusammengesetzt. Alle Rechte vorbehalten.

Aufzeichnung:

Die Schlusszeremonie könnte mit der folgenden Rede eines Modedesigners enden:

Modedesigner:

Nehmen Sie Ihr Lieblingskleidungsstück, das Sie gerne für eine besondere Gelegenheit in einem Tanzpalast anziehen würden. Denken Sie an den Raum zwischen dem feststehenden Eingangsportal und Ihrer Kleidung, wenn sie beim Tanzen so in der Luft schwebt, dass man fast ihr Schnittmuster erkennen kann. Das ist das Stück, in dem Ihre Kleidung und das Eingangsportal eine Rolle teilen.

In der Mode treffen sich geometrische Darstellungen als Muster. In der Geschichte treffen sich geometrische Formen im Zuschnitt. Bei der Herstellung treffen sich geometrische Raster in der Webart. Der Architekt muss sich nicht mit dem Schneider verständigen, um gemeinsam den Raum zu konstruieren. Es genügt, dass jeder von ihnen auf seine Art weiß, dass der Ort geographisch bestimmt und geometrisch immer neu zu bestimmen ist.

Je definierter die Tätigkeit einer Person in einem Raum ist, desto mehr halten sich die Zuschnitte ihrer Kleider an die Form ihres Körpers. Arbeitskleidung hat selten drapierende Elemente, und Tanzkleider, beim Drehen, teilen den Raum in Sekundenterritorien.

Der Zeitpunkt, an dem die Kleidung die Geometrie verlassen hat, fällt mit jenem der Erfindung des Stretchgarns zusammen. Sportkleidung aus Stretchgarn hält sich nicht nur an die Form des Körpers, sie zeichnet ihn nach, und nicht nur ihn, sondern jede Bewegung, in der er sich befindet. Das macht Sportkleidung filmähnlich. Das macht Sportkleidung für körperfixierte Vorstellungen geeignet. Man ist mit ihnen formal nackt. Ein Badeanzug ist ein besonderer Artikel.

Ein Stoff deckt in jeder Position seine Rückseite und die Stelle, auf der er liegt. Bis eine Bewegung ihn an einer anderen Stelle positioniert und seine Rückseite sowie die Stelle, an der er lag, enthüllt. Ein angezogenes Kleid gerät unvermeidlich in wiederholte Bewegungen. Stoffteile wechseln ihre Stelle, wie Wörter in einem Satz es tun: Nicht von allein und ohne Vereinbarung. Falten sind das Nebenprodukt dieses Stellenwechsels. Ein unkalkulierbares Produkt, wie es nur die Mentalität des Stellen- und Rollenwechsels hervorbringt. Hören heißt nicht, den Raum beherrschen, der das Echo des gesprochenen Wortes produziert.

Einen Unterschied zwischen Wort und Satz feststellen heißt, die Bewegung festhalten. Ein Wunder, dass es Mode-, aber keine Sprachfotografie gibt.

— Israelische Verteidigungsstreitkräfte, Codewörter zur Mobilmachung von Reservisten während des Sechstagekriegs, 1967. — Gabriele Tergit, *Im Schnellzug nach Haifa*, Berlin 1996. — Raymond

Carver, „Lemonade“, in: *Short Cuts*, New York 1993. — John Cheever, „Der Einbrecher von Shady Hill“, in: *Im Schatten der Ginflasche*, aus dem Englischen von Lore Fiedler, Jürgen Manthey und Peter Naujack, Reinbeck bei Hamburg 1996.

Schnappschuss

Vermittler:

Wie gut, dass dieses Haus über eine Durchsageanlage verfügt ... Willkommen. Wahrscheinlich sehen Sie mich nicht, aber wenn Sie mich hören, ist es gut genug. Entschuldigen Sie die Verspätung, als ich vorhin den Ausstellungsraum betreten habe, musste ich gleich wieder umkehren. Das passiert mir in weißen Räumen, die ... dem Raum ähnlich sind, dem ich seit neunzehn Jahren zu entfliehen versuche ... und wenn das geschieht, sehe ich alles wieder, ob meine Augen offen oder geschlossen sind – die Beleuchtung, die fliegenden Körperteile der Gipsfiguren, das Blinken der Funkgeräte, sogar das Nichteintreten meines Todes – und ich verstumme. So bin ich also hier gelandet ... in diesem ... Nebenraum, irgendwo in diesem Haus. Ich sitze zwischen Vorhängen, es muss eine Bühne sein. Durch einen Spalt sehe ich jedenfalls Sitzreihen ... lange, gerade Reihen ... alle in einer Richtung. Ich bin also irgendwo hinter der Wand, vor der Sie stehen, und von hier aus werde ich Sie durch die Ausstellung führen.

Direkt vor Ihnen ist *Der Erzähler*, er kommt aus einem Essay von Walter Benjamin. Mit ihm begann ein Vorgang offenkundig zu werden, der seit dem Ersten Weltkrieg nicht zum Stillstand kommt. Bei Kriegsende bemerkte man, dass die Leute verstummt aus dem Felde kamen, nicht reicher – ärmer an mitteilbarer Erfahrung. Man dachte, es sei das Versagen der Sprache in Anbetracht von Kriegsereignissen. Dann wurde dieses Versagen dem Erzähler selbst zugeschrieben, der – vorausahnend, dass niemand von seinen Erlebnissen im Krieg würde hören wollen – verstummte.

Junge Soldaten waren bereits im amerikanischen Bürgerkrieg mit den Grenzen ihrer Sprache konfrontiert ... als sie versuchten, sich ihre erste Schlachterfahrung vorzustellen. Um sich zu behelfen, griffen sie auf eine Redewendung zurück und schrieben in ihren Tagebüchern oder in Briefen nach Hause, „ich gehe jetzt den Elefanten sehen". „Den Elefanten gesehen zu haben", stand von da an nicht nur für eine weltliche, aufregende oder befremdliche Erfahrung, die man fern von zu Hause machte, sondern auch für Kriegserlebnisse.

Kehrt der Soldat aus dem Krieg zurück, bringt er den Elefanten mit nach Hause – halb Tier, halb Bild steht nun der Elefant für das Kriegserlebnis, aber auch für den Versuch, das Unvorstellbare in Worte zu fassen ... ihm einen Namen zu geben ... anzuerkennen, dass es da ist. Zu Hause passt der Elefant nirgendwo hin, steht aber überall herum – im Schlafzimmer, im Büro, im Park, in dieser Ausstellung ... der Elefant ist da, und Sie können ihn nicht sehen. Für die Gemeinschaft, in die der Soldat zurückkehrt, ist der Elefant unsichtbar und der Rückkehrer jemand, der Dinge sieht, die andere Leute nicht sehen. Das trennt den Rückkehrer von der Gemeinschaft, die ihn einst in den Krieg geschickt hat.

Würde die Gemeinschaft der Erzählung des Rückkehrers zuhören, ginge sie ein Risiko ein. Er zog in den Krieg in Vertretung der Werte der Gemeinschaft ... kommt er zurück, verkörpert seine Erzählung einen neuen Wert: eine Diskontinuität ... von der die Gemeinschaft die Kontinuität ihrer Erzählung bedroht sieht. Wie die Gemeinschaft mit dieser drohenden Diskontinuität umgeht, erfahren Sie etwas weiter rechts vom Erzähler ... angefangen mit Pierre Janet, der im 19. Jahrhundert erkannt hat, dass traumatische Erinnerungen für das Gedächtnis eine Diskontinuität darstellen und deshalb von ihrer Reintegration sprach ... bis hin zu zeitgenössischen Ansätzen der Neuroanthropologie, die das Wechselspiel zwischen Kultur und Gehirnaktivität untersuchen. Die moderne Gemeinschaft stellt dem verstummten Rückkehrer einen Therapeuten zur Verfügung ... dadurch wird allerdings die Erzählung der Kriegserlebnisse aus dem politischen Raum umgeleitet. Der Therapeut kann mir zwar zeigen, wie mit dem Elefanten umzugehen wäre, der Elefant ist aber kein privates Haustier, das ich mir zugelegt habe – ich habe den Elefanten im Auftrag der Gemeinschaft zu Gesicht bekommen ... also, sollte er ... wie ich ... in die Erzählung der Gemeinschaft aufgenommen werden. Der Elefant hat in dieser Konstellation einen schweren Stand. Als eine Erzählung, die eine andere Erzählung zu unterbrechen droht, findet er in dem gemeinschaftlichen Raum keinen Platz ... er wird dem Rückkehrer untergeschoben ... ins Private verdrängt ... privatisiert. Damit die Privatisierung auch gelingt, wird die Sprache bemüht ... der Elefant wird mit neuen Funktionen ausgestattet ... er wird zum „stillen Feind" des Rückkehrers oder zu seiner „unsichtbaren Wunde". In diesem Raum, der dem unsichtbaren Elefanten angeblich keinen Platz bieten kann, erscheint nun, weiter rechts, ein Aktivist der israelischen Nichtregierungsorganisation *Breaking the Silence ...*

... er ist nicht ganz zu erkennen ... sein verpixeltes Gesicht verheißt Anonymität, nur so kann er der Gemeinschaft vom Elefanten erzählen ... er spricht von seiner Rolle als Soldat in den von Israel besetzten Gebieten ... und erweitert die Erzählung vom Elefanten um einen Bühnenraum. „Wenn wir gut genug sind, um die Rolle der Besatzer zu spielen“, sagt er, „sind wir auch gut genug, um zu berichten, dass wir uns dabei die Hände schmutzig gemacht haben, was wiederum euch, die ihr uns diese Rolle gegeben habt, schmutzig machen wird.“ In meinen Träumen sehe ich manchmal eine Gruppe von Kindern, wie sie die Szene einer Hausdurchsuchung nachspielen ... die Kleineren stehen mit dem Gesicht zur Wand, die Hände über dem Kopf, und werden von zwei älteren Kindern, vielleicht sechs Jahre alt, mit Stöcken als Gewehre in Schach gehalten und geschubst. Das ist kein Elefant, keine blutige Schlacht auf dem Feld, die Schlacht ist längst in unser Inneres verlagert und dort dürfen wir sie bis ans Lebensende ausfechten. Aber verstehen Sie uns nicht falsch, es geht uns nicht um die öffentliche Aufführung unserer Psychotherapie. Wir sind da, um die Rolle zu besprechen, die ihr ... oder die Regierung, oder wer auch immer die Regie macht ... sich für uns ausgedacht hat. Nicht von den Folgen der Besatzung, sondern von ihrer Praxis wollen wir berichten. Und zwar in einem eigenen Text, nicht dem Skript folgend ... und wenn schon nicht während wir die Rolle spielen, so doch zumindest danach ... die Aufführung selbst dauert ja noch an ... der nächste Neunzehnjährige wurde bereits für seine Rolle gecastet, er soll sich gut vorbereiten können.

Die Dauer der Aufführung, Verzeihung, der Besatzung, verändert die Erzählung vom Elefanten. Sie handelt nicht nur von vergangenen Kriegsereignissen, sondern von der Gegenwart ... und kommt in Konflikt mit dem offiziellen israelischen Sprachgebrauch (1), der die Besatzung durch eine Sprache verschweigt, die zwischen Reden und Verschweigen fließende Übergänge schafft ... Demnach sprechen wir beispielsweise nicht mehr von

Krieg, sondern verschweigen kriegerische Handlungen, indem wir sie als „Operationen" bezeichnen ... So müssen Gewalthandlungen gegen die Zivilbevölkerung nicht im Kontext des Kriegsvölkerrechts diskutiert werden ... Eine andere Spielart dieser Redekunst des Schweigens bringt uns ... weiter nach rechts ... hinter die Bühne ... wo sich ein Raum zwischen drei Sprachen öffnet ...

Deutsch, Hebräisch und Englisch ... in jeder dieser Sprachen finden Sie eine Wikipedia-Seite zu *Breaking the Silence* ... Auf Deutsch ist die Seite um mehr als die Hälfte kürzer als in den beiden anderen Sprachen ... Das Kapitel, das auf Hebräisch und auf Englisch ausführlich die Aktivitäten der Organisation darstellt, wurde auf Deutsch ausgelassen ... unter den Kapiteln „Geschichte" und „Kontroversen" werden einzelne Aktivitäten zwar miterwähnt ... um aber von diesen Aktivitäten in ihrem vollen Umfang zu erfahren, müssten Sie über die deutsche Sprachraumgrenze hinaus ... Es ist nicht so, dass dieses Kapitel auf Deutsch fehlt, weil die israelische Politik der Menschenrechtsverletzung sich nicht ins Deutsche übersetzen ließe ... Eine solche Übersetzung würde allerdings einen anderen Elefanten in den Vordergrund rücken, der sich im Hintergrund des deutschsprachigen Raums ausruht ... die historische Verantwortung Deutschlands, die ... sich von der deutsch-jüdischen Geschichte her definiert, uns aber angesichts der Gegenwart in den besetzten Gebieten blind werden lässt ... Israel hat das jüdische Trauma und den Holocaust zu einer nationalen Strategie erhoben, die zur Rechtfertigung von Untaten dienen soll. Wenn die Stimmen von *Breaking the Silence* diese Politik in Frage stellen, rütteln sie auch an jenem deutschen Elefanten. Sie sehen also: Der Raum, in dem die Erzählung vom Elefanten (2) einen Platz haben könnte, ist selbst eine Erzählung … wie auch die Abwesenheit der Fotoserie hier weiter rechts deutlich macht …

… unter dem Titel „Schnappschuss, oder wie ich aufhörte, Menschen als Menschen zu sehen" … Es sind Exponate, die 2015 in der Ausstellung von *Breaking the Silence* in Köln zu sehen … gewesen wären … hätte der Oberbürgermeister die Ausstellung nicht abgesagt. Das war nicht die einzige Ausstellung der Organisation, die im letzten Moment abgesagt wurde … Zuletzt führte eine Absage zur ersten Lesung von Soldaten-Zeugnissen auf der Straße, unmittelbar vor dem Veranstaltungsraum, in dem die Ausstellung … geplant war. Wie die Überschrift bereits sagt … geht es hier um eine fotografische Praxis der Besatzung … Bilder, die von Soldaten während ihres Dienstes aufgenommen wurden und … online leicht zugänglich sind … Wenn Sie in eine beliebige Suchmaschine *Breaking the Silence* eingeben, steht die Webseite der Organisation als erstes auf der Liste der Suchergebnisse. Beim Surfen sind wir jedoch privat, in einem Ausstellungsraum nicht. Deshalb wird so viel unternommen, um die Auftritte von *Breaking the Silence* außerhalb des Netzes zum Schweigen zu bringen – die Erzählung vom Elefanten könnte der Erzählung, wie sie die Gemeinschaft überliefert, widersprechen … Da man das in einer Pressekonferenz so nicht sagen kann, schweigt man darüber … es ist ein geschwätziges Schweigen, das den Raum mit einem Thema besetzt, um nicht über ein anderes Thema reden zu müssen … dramaturgisch beginnt die Debatte um eine Ausstellung von *Breaking the Silence* also noch bevor die Ausstellung eröffnet wird und ist mit der Absage der Ausstellung dann auch schon wieder zu Ende … die Frage, ob die Ausstellung stattfinden soll, lässt eine Auseinandersetzung mit dem Thema der Ausstellung – der israelischen Besatzung – gar nicht erst aufkommen. Die Übereinstimmung von Politik, Zivilgesellschaft und Presse gewährleistet, dass niemand dabei „ich“ sagen muss: Die Presse berichtet, dass der Oberbürgermeister sagt, dass der *Zentralrat der Juden in Deutschland* mitgeteilt hat, was die israelische Botschaft bereits ... und so weiter – bei so vielen Koautorinnen* wäre die Öffentlichkeit sicherlich überfordert, wenn in dem Pressebericht auch noch stehen würde, dass die *Jüdische Stimme für gerechten Frieden in Nahost* – würde sie gefragt werden – etwas anderes als der *Zentralrat der Juden* sagen würde, aber in Anbetracht der vielen antisemitischen Vorfälle in Deutschland – wer kann sich da noch unterschiedliche Positionen innerhalb der jüdischen „Mitbürger“ anhören, ohne von der Einsicht zerrüttet zu werden, dass Antisemitismus von der israelischen Unterdrückung des palästinensischen Volkes ebenso befeuert werden könnte, wie er angeblich von der Berichterstattung darüber befeuert wird.

Die Praxis ist archaisch ... Man tötet den Überbringer der schlechten Nachricht, um die Nachricht nicht hören zu müssen. Nur die Ausführung vollzieht sich modern ... Mit gebildeter Sprache, studierten Formaten, angesehenen Medien und gut besuchten Konferenzen wird die Waffe gemäß einer wohlüberlegten Dramaturgie in die Hand genommen. Die Zeit spielt nämlich eine entscheidende Rolle, das Stück muss eine gewisse Länge haben ... es muss so lange dauern, bis die Nachricht von der Leiche, von Fleisch und Blut kein Rating mehr erzielen kann und aus der Rubrik „Politik“ in die Rubrik „Gemischtes“ verschoben wird. Dort gibt es immer Raum.

Besucherin:

Das ist alles interessant, aber ich möchte jetzt hören, wie ich aufhöre, Menschen als Menschen zu sehen.

Vermittler:

Ich kann es Ihnen nicht sagen, aber übersetzen. Die Anweisung, die wir zu Beginn unseres Dienstes in Hebron erhalten haben, war ... jeden Tatverdächtigen, Verzeihung, in jeder Person einen Tatverdächtigen zu sehen ... egal ob Mann oder Frau oder Kind, egal welchen Alters; zu jeder Tageszeit und was immer sie gerade tun – sie sind Tatverdächtige. Als Soldat, der in Hebron stationiert ist, hast du zwei Schichten am Tag ... jede Schicht dauert sechs Stunden ... das machst du siebzehn Tage hintereinander, dann hast du vier Tage frei bis zu den nächsten siebzehn Tagen ... vier, fünf Monate lang ... Es ist der dritte Monat, der fünfte Tag, die zweite Schicht, die dritte Stunde ... du bist erschöpft ... du stehst auf einem Dach, das ist dein Wachposten, und plötzlich ... dreihundert Meter entfernt von dir ... siehst du einen alten palästinensischen Mann, er könnte dein Großvater sein ... er läuft ... auf ein anderes Dach ... du bist bereits seit Stunden gelangweilt und du hast gesagt bekommen, dass jeder verdächtig ist ... also hebst du deine Waffe und zielst auf den Mann ... selbstverständlich schießt du nicht auf ihn, er hat nichts getan, steht aber unter Verdacht, du bist also besser schießbereit ... Nach ein paar weiteren Stunden der Langeweile beginnst du auf Soldaten zu zielen, auf deine besten Freunde ... auch auf sie schießt du nicht ... es geschieht nichts und in dem Moment, in dem du dir sagst, dass nichts geschieht, merkst du, dass etwas geschieht ... mit dir ... du weißt noch nicht genau was ... du hältst die Waffe in einer Hand, greifst mit der anderen in die Tasche, holst deine Kamera heraus, stellst sie vor dein Visier und knippst die Person hinter deinem Visier. Irgendwann kommt es dir in den Sinn, dass du aufgehört hast, Menschen als Menschen zu sehen ... du siehst Menschen als Ziele, als Objekte ... Später übergibst du das Bild *Breaking the Silence* und merkst, dass einige deiner Freunde sich auch bereits dieses Spiel ausgedacht haben ... die Organisation hat einen Ordner voll solcher Bilder ... zwei palästinensische Mädchen spielen vor dem einen Visier, ein jüdischer Siedler geht mit Einkaufstaschen vor einem anderen Visier ... vor einem weiteren Visier sitzt ein Soldat in der Mittagspause ... Beim Anblick dieser Bilder spürst du zunächst eine seltsame Erleichterung ... das war wohl nicht dein kranker Privatspaß, Menschen durchs Visier zu beobachten ... deine Freunde haben die Langeweile mit demselben Spiel bekämpft ... Allmählich verstehst du, wie der Zustand der Besatzung, den du und deine Freunde aufrechterhalten, deinen Blick auf die Welt zurichtet ... auf welche Formen des Zeitvertreibs, Verzeihung, auf welche Unterhaltungsideen dieser Zustand dich bringt ... Ich rede von der Gewalt, die wir uns selbst gegenüber anwenden ... uns als einer Gemeinschaft, die junge Menschen mit der Kontrolle von anderen Menschen beauftragt ... und uns, die wir diesen Auftrag der Gemeinschaft entgegennehmen und ausführen. Solche Fotos sind nichts Außergewöhnliches, sie könnten auch einen Zeitungsartikel über den Nahostkonflikt illustrieren. Die Bildunterschrift würde das Bild mehr oder weniger intelligent beschreiben. Was die Bildunterschrift der Presse aber nicht beschreiben würde, ist das, was hinter der Kamera ... im Kopf des Fotografen geschieht ...

Nun ist die Erzählung vom Elefanten endgültig gespalten ... sie spielt sich halb im Kopf des Soldaten und halb im Bildraum ab. Für die Freunde Israels in Bern ist das zu komplex. Also machen sie sich an die Produktion von Beweisen, um die Erzählung einfacher darzustellen ... als wäre sie bloß eine Story für die Presse. Das ergibt fünf Seiten mit Texten und Grafiken, mehrfach kopiert und von den Freunden mit auf die Reise nach Zürich genommen. Dort stellen sie sich als Türsteher vor einen Kirchenraum, in dem eine Ausstellung von *Breaking the Silence* ... tatsächlich ... zu sehen ist. Jedem Ausstellungsbesucher und jeder Ausstellungsbesucherin drücken sie einen Umschlag mit ihren Beweisen in die Hand und murmeln „andere Meinung" ... Eine andere Meinung als welche, fragen Sie sich sicher ... – zunächst aber will diese Meinungsfreiheit suggerierende Behauptung Ihnen sagen, dass es in dieser Ausstellung um eine Meinung über die Besatzung geht, nicht um eine Dokumentation. Selbst wenn ein Soldat sagt, die Besatzung richte seinen Blick auf die Welt zu, glauben die Berner Freunde Israels, er äußere seine private Ansicht ...

Um auf diese Story zu kommen, überspringen wir das *Konkret*-Heft ... weiter rechts hängen die Fotokopien aus Bern ... Wenn Sie nachher noch Zeit haben – ein Blick in das *Konkret*-Heft lohnt sich. Ulrike Meinhofs Artikel „Drei Freunde Israels" erkannte bereits 1967 ... nur wenige Tage nach der Besetzung der Gebiete ... dass man bei manchen Freunden besser achtgeben sollte ... Die vielfarbigen Fotokopien der Freunde Israels in Bern mögen den Eindruck erwecken, dass sie unterschiedlicher Herkunft sind ... dass die „andere Meinung" eine

Vielfalt von Meinungen repräsentiert ... tatsächlich aber sind sie das Montagewerk des *Berner Forums für Israel* ... Die Grafik auf der ersten Seite führt uns ziemlich direkt auf die Story zu ... im Stil von Comics gehalten ... addieren sich da Logos und Sprechblasen zu einem Gespräch ... „Eure Soldaten haben etwas Böses gemacht" ... sagt das Logo von *Breaking the Silence* zum Logo der *Israelischen Verteidigungsstreitkräfte* ... dabei würden die Aktivistinnen und Aktivisten von *Breaking the Silence* nie „Eure" sagen, denn sie sprechen von sich, also in der ersten Person. „Habt ihr eine Story für uns?" fragen die Logos der Sender *CNN*, der Zeitung *The Telegraph* und der Nichtregierungsorganisation *Human Rights Watch* das Logo von *Breaking the Silence*. Die Berner Freunde haben die Antwort: „*Breaking the Silence* veröffentlicht Berichte von Kriegsverbrechen, jedoch ohne identifizierende Angaben zu Ort und Datum der Ereignisse und den beteiligten Personen. Ohne diese Angaben kann das Militär aber nicht ermitteln. Das Ziel von *Breaking the Silence* ist also nichts anderes, als Medien und Menschenrechtsorganisationen eine Story zu liefern." ... Der Vorwurf, dass ein Teil der Soldaten ihre Aussagen anonym veröffentlichen, ist unter Israels Freunden beliebt. Ihnen schwebt eine ethische Besatzung vor. Darin könnte *Breaking the Silence* die Rolle einer Ermittlungsbehörde übernehmen, die dem Militär zuarbeitet ... Das Ziel von *Breaking the Silence* ist aber nicht eine Aufklärung über die Besatzung, sondern ihre Beendigung.

Hätten die Freunde Israels israelische Freunde*, wüssten sie von der Scham und der Schuld, die viele Soldaten wegen ihrer Taten belasten, und wie sehr diese sie daran hindern, sich selbst nahestehenden Personen zu erkennen zu geben. Nicht zu erwähnen die soziale und politische Verfolgung, die auf das Brechen des Schweigens unter identifizierenden Angaben in Israel folgt ... Zu den Erlebnissen aus dem Militärdienst kommt die Unfähigkeit, über sie zu sprechen, hinzu ... gefolgt von der Erkenntnis, dass sich weit und breit niemand findet, der zuhören will ... und der Gewissheit, dass die Erzählung der Rückkehrer ihrer Reintegration in die Gemeinschaft schaden würde ... Wieder droht der Erzählung vom Elefanten die Privatisierung durch Bilder wie „stiller Feind" ... oder „unsichtbare Wunde" ... weiter rechts, blitzen diese Bilder auf, wo ein Reservist, der kein Mitglied von *Breaking the Silence* ist, an eine Zeitung schreibt: „Freunde, Familienmitglieder, Arbeitskollegen – was euch alle vereint ist die fehlende Bereitschaft, euch die inneren Wunden anzuschauen, welche die willkürlichen Gewalthandlungen gegen eine Zivilbevölkerung in mich eingebrannt haben. Ihr fordert von mir, die Auswirkungen der Autorität, die es uns Soldaten ermöglicht, die Grundprinzipien der Ethik zu missachten, für mich zu behalten."

Wie bei vielen alten Kirchen sind auch die Wände der Zürcher Kirche massiv. Das wird wohl nicht der einzige Grund dafür sein, dass die Erzählung vom Elefanten im Inneren der Kirche die Berner Türsteher draußen nicht erreicht. Sie sind halt „anderer Meinung" ... Sie verbreiten lieber die Grafik der sprechenden Logos, anstatt Zeugenaussagen zuzuhören. Auch sind sie korrekt und geben die Credits für die Grafik kleingedruckt am Rande an ... Gehen Sie ruhig näher heran, das ist keine Kunst ... Ach so, Sie sehen es gar nicht ... die Ausstellung muss sich so sehr mit dem Raum assimiliert haben, dass sie nicht mehr voneinander unterschieden werden können ... gut, Sie müssen es mir glauben ...

wenn Sie es selber lesen würden, würden Sie es auf jeden Fall glauben, aber jetzt müssen Sie halt glauben, was ich Ihnen erzähle. Da kommt am unteren Rand der Weise von Zion zum Vorschein, der uns die Grafik aus Amerika schickt ... genauer und in der Originalsprache ElderOfZion.com. So nennt sich der anonym betriebene, pro-israelische US-amerikanische Blog. Eigenen Angaben zufolge versteht sich der Name des Blogs als „ironischer Verweis auf die antisemitischen *Protokolle der Weisen von Zion*, die behaupten, dass Juden die Welt beherrschen". Die *Protokolle der Weisen von Zion* wurden Anfang des 20. Jahrhundert von unbekannten Redakteuren zusammengestellt. Grundlage der antisemitischen Schrift waren mehrere fiktionale Texte, die vorgaben, ein geheimes Treffen von jüdischen Weltverschwörern zu dokumentieren. Das Berner *Forum ... für Israel* besteht nach eigenen Angaben aus „Frauen und Männern aus verschiedenen christlichen Denominationen und jüdisch-israelischen Kreisen" ... ihr Ziel, heißt es weiter, ist es, „mittels korrekter Öffentlichkeitsarbeit, der tendenziösen Berichterstattung über Israel in der Schweiz entgegenzutreten". Mit diesem Vorsatz verteilen sie eine Grafik, die von einer anonym betriebenen Webseite produziert wurde, die nach der fiktionalen Schrift unbekannter Autoren genannt ist. „Anonym", „fiktional", „unbekannt" – hinzu kommt noch die Ironie: Der Name einer antisemitischen Schrift wird der Name eines pro-israelischen Blogs, der eine Grafik produziert, mit der Berner Bürger* israelischen Soldaten* eine anti-israelische Haltung vorwerfen.

Ich habe die Führung mit dem Erzähler begonnen ... zu seiner Linken ... spielt ein Film, auf den ich zum Schluss eingehen möchte. Es ist ein Film aus dem israelischen

Fernsehen, ein Schwarzfilm, der ... ohne Kamera hergestellt wurde ... fünfundvierzig Minuten Schwarzfilm, 1978 aus Protest von den Mitarbeitenden der staatlichen Sendeanstalt gesendet (3). An jenem Abend stand die gleichlange Verfilmung der Novelle *Chirbet Chiza* auf dem Programm, eine Novelle des israelischen Schriftstellers S. Yishar. 1949 veröffentlicht, erzählt die Novelle von den inneren Konflikten eines jüdischen Soldaten angesichts der Vertreibung palästinensischer Dorfbewohner* während des Palästinakriegs 1947–49. Der Autor, der als Nachrichtenoffizier den Krieg erlebte, lässt seinen Erzähler die Geschichte aus der Perspektive eines beteiligten Soldaten erzählen. „Ja, all das ist schon vor langer Zeit geschehen", schreibt er kaum ein Jahr nach Beginn des Krieges, „lässt mich aber seither nicht mehr los. [...] und obwohl ich noch nicht endgültig weiß, wo hier der Ausweg ist, scheint es mir jedenfalls besser, nicht länger zu schweigen, sondern mit dem Erzählen anzufangen." Als literarischer Text im Genre der historischen Fiktion genoss die Novelle breite Akzeptanz ... sie wurde zum Bestseller und 1964 in das Schulcurriculum aufgenommen. Anders erging es der Verfilmung der Erzählung, die ... mir ein Gesicht gegeben ... und den Elefanten aus der Unsichtbarkeit in das israelische Wohnzimmer gelockt hätte... Erst wurde die Ausstrahlung durch die Regierung hinausgezögert, um dann ... kurz vor Sendebeginn, vom Erziehungs- und Kulturminister abgesagt zu werden. Er hätte nichts Prinzipielles gegen Kriegsfilme ... in israelischen Kinos lief derzeit *The Deer Hunter* ... auf Deutsch: *Die durch die Hölle gehen*, die Geschichte von drei amerikanischen Patrioten in der Gefangenschaft des Vietcong und ihrer anschließenden Rückkehr ins zivile Leben ...

Aber ... die Erzählung der Vertreibung von palästinensischen Bewohnerinnen* eines fiktiven Dorfes ... äußerte für den Minister Zweifel an der zionistischen Erzählung (4). Das mag auch der Grund dafür sein, dass die Erzählung der Vertreibung knapp fünfzig Jahre brauchte, um 19... 97 auf Deutsch zu erscheinen (5) ... Proteste gab es nicht – wer sollte auch etwas gegen den inneren Konflikt einer literarischen Figur haben? Sie soll nur nicht aus ihrer Erzählung herauskommen und den deutschen Außenminister treffen, wie die Aktivisten* von *Breaking the Silence* es 2017 getan haben ... Denn ... dann ... würde Israels Premierminister sein Treffen mit dem Außenminister absagen ... und *Der Tagesspiegel* würde von den Wellen berichten, die der Eklat beim Israel-Besuch des Außenministers schlägt ... und die Vizepräsidentin der *Deutsch-Israelischen Gesellschaft* würde der Zeitung *Rheinische Post* sagen, sie „hätte [sich] mehr Fingerspitzengefühl des Ministers gewünscht“ ... und der Präsident des *Zentralrats der Juden in Deutschland* würde in seiner Rede vor dem Hessischen Landtag vorschlagen, sich vorzustellen, dass „sich ein ausländischer Staatsgast [in Deutschland] mit der linken Antifa-Bewegung treffen würde“ ... und so weiter. Der Raum (6) wird immer größer. Mit einem Platz für die Erzählung vom Elefanten hat das nicht unbedingt zu tun.

Danke für Ihren Besuch.

— Walter Benjamin, „Der Erzähler. Betrachtungen zum Werk Nikolai Lesskows“, in: *Erzählen*, Frankfurt a.M. 2007. — Emmanuel Pinto, *Tinnitus* (Hebr.), Tel Aviv 2009. — *Breaking the Silence*, Ausstellung im Willy-Brandt-Haus, Berlin, 14. bis 29. September 2012. — *[Breaking the Silence] Zeugnisse einer Besatzung – Israelische Soldaten berichten*, Videodokumentation einer Führung von Nadav Bigelman durch die Ausstellung im Willy-Brandt-Haus, in: *10 Jahre Breaking the Silence*, Medico International, 5. Juni 2014, medico.de. — „Köln sagt Israel-kritische Ausstellung ab", *Zeit Online* am 12. Juni 2015. — *Breaking the Silence*, Ausstellung im *Kulturhaus Helferei*, Zürich, 4. bis 14. Juni 2015. — Forum für Israel, Handzettel, verteilt vor dem Eingang zur *Breaking the Silence*-Ausstellung im *Kulturhaus Helferei*, Zürich am 7. Juni 2015; israelforum.ch. — Ulrike Marie Meinhof, „Drei Freunde Israels", in: *Die Würde des Menschen ist antastbar. Aufsätze und Polemiken*, Berlin 1988. — Alon Liel, „Danke, Sigmar Gabriel", *Zeit Online* am 5. Mai 2017. — S. Yishar, „Chirbet Chisa", in: *Geschichten von Krieg und Frieden*, aus dem Hebräischen von Ruth Achlama, Frankfurt a.M. 1997. — Rosemary Bechier, „Nation as trauma, Zionism as question: Jacqueline Rose interviewed", 17. August 2005, opendemocracy.net.

(1)

Die Rolle der Sprache bei der Produktion von Bildern, in denen die palästinensische Präsenz in Palästina nicht mehr vorkommt, wurde in Israel früh erkannt. In den ersten zwei Jahrzehnten nach 1967 dienten solche Bilder dazu, die israelischen Besatzungspraktiken von der Öffentlichkeit fernzuhalten bzw. die palästinensische Präsenz im Land als eine vergangene Geschichte erscheinen zu lassen. 1972 verfasste die israelische Sendebehörde einen „Verhaltenskodex" für die Berichterstattung, der zwar nicht gesetzlich verpflichtend sein sollte, sich jedoch als ethischer Kodex für den Fernseh-, Radio- und Printjournalismus im Land durchsetzte. Zu manchen Themen versteht sich dieser „Wegweiser" als politischer

Sprachratgeber, Stichwort „Jerusalem“: „Es gibt keine Stadt, die den Namen *Ostjerusalem* trägt.“ Da dieser Satz im Abschnitt „Sprache“, Unterabschnitt „Wahl von Pronomen und Bezeichnungen“ steht, könnte man zunächst annehmen, es handle sich lediglich um eine Hilfe bei der Bezeichnung jenes Teils von Jerusalem, der 1967 von Israel erobert und 1980 per Gesetz annektiert wurde. Wenn die Rede von Ostjerusalem ist, empfiehlt der Sprachratgeber, „den Namen des betreffenden Stadtviertels zu gebrauchen“ und etabliert damit Ostjerusalem als ein Agglomerat von Stadtvierteln; der Name Jerusalem kann somit dem westlichen, überwiegend jüdischen, israelischen Stadtteil vorbehalten bleiben. Um die besetzten Gebiete nicht zu erwähnen, wird ebenso auf die gebotene Präzision bei der Auswahl von Pronomen hingewiesen: „*Westbank* ist ein veralteter jordanischer Name. In Sendungen auf Hebräisch ist der Name Judäa und Samaria zu gebrauchen und erst recht, wenn von jüdischen Siedlungen die Rede ist. Der Gebrauch des Wortes ‚Gebiete‘ ist nur zur Abwechslung gestattet.“ Der jordanische Name wird also für veraltet erklärt; bei den Namen Judäa und Samaria, die auf die hebräische Bibel zurückgehen, spielt das Alter offenbar keine Rolle. Diese Namenswechsel sollen die Gebiete als Zielort einer Zeitreise etablieren, die Interessierte in die biblische Zeit entführt. Bald werden die Reisenden aber merken, dass die Zeitreise durch eine Multitemporalität führt, in der ihnen die in ferner Vergangenheit vermutete palästinensische Präsenz wiederbegegnet.

— Israel Broadcasting Authority/Nakdimon Rogel, *Nachrichten und Aktualitäten: Anleitung* (genannt *Nakdi Report*), 1972 (überarbeitet 1979, 1985, 1995 und 1998).

(2)
Palästinenserinnen und Palästinenser, die innerhalb der israelischen Staatsgrenze leben, sind als „arabische Israelis" bekannt, eine Bezeichnung, die ihnen eine stärkere Zugehörigkeit zur arabischen Welt als zum Land Palästina zuschreibt. Sie machen ein Fünftel der Bevölkerung des Staates Israel aus. Ihre Sprache, Arabisch, war seit der Staatsgründung eine der zwei offiziellen Landessprachen. Diesen Status verliert sie mit dem 2018 verabschiedeten „Grundgesetz: Israel – Nationalstaat des jüdischen Volkes", auch bekannt als „Nationalstaatsgesetz". Indem das Gesetz der arabischen Sprache einen „Sonderstatus" zuweist, erkennt es ihr den Status einer offiziellen Landessprache ab. Selbstverständlich ohne die Aberkennung als solche zu benennen.

Das langfristige strategische Ziel des Nationalstaatsgesetzes ist die Annektierung der besetzten und von Millionen Palästinenserinnen und Palästinensern – teils Geflüchtete im eigenen Land – bewohnten Gebiete. Die Annektierung würde ein Großisrael hervorbringen, in dem die jüdische Bevölkerung eine Minderheit wäre. Damit diese jüdische Minderheit die palästinensische Mehrheit aber weiterhin beherrschen kann, sichert das Gesetz vorab das Alleinrecht des jüdischen Volkes auf eine Heimat im Land. „Land" schließt hier die seit 1967 besetzten Gebiete ein, doch von Besatzung ist in dem Gesetz keine Rede – weder davon, dass es sie gibt, noch davon, dass es sie nicht gibt. Der große Elefant steht immer noch ruhig mitten im Raum, bemerkt Gideon Levy, nur wenige wagen es, ihn zu erwähnen oder ihm einen verstohlenen Blick zu schenken, aber immerhin.

„Der Elefant im Raum", der hier für die nicht-erwähnte Besatzung steht, wird in unterschiedlichen

Kontexten und Sprachen gebraucht, wenn es darum geht, ein allgegenwärtiges Thema nicht zu erwähnen. Er ist weniger Redewendung als vielmehr eine Sprachstrategie, die das Kontextspezifische des Jargons pervertiert. Wenn ein Jargon Worte versammelt, die von einem durch Beruf, Stand oder Milieu geprägten Personenkreis gebraucht werden, so versammelt der Jargon vom Elefanten im Raum Begriffe, die er auslässt. Er domestiziert das Bild des Elefanten, das einst für die unaussprechliche Erfahrung stand, die man fern von zuhause – z.B. im Krieg – machte, indem es dem Elefanten einen Raum zuerkennt, immerhin. Das gemiedene Thema erübrigt sich dadurch nicht, es wird als abwesend-präsent verfestigt. Das Oxymoron „abwesend-präsent" wird in Israel seit den 1950er Jahren zur Bezeichnung der palästinensischen Geflüchteten gebraucht, die während des Palästinakriegs 1947-49 vertrieben wurden und deren Besitz zum Staatsbesitz deklariert wurde.

Der Oslo-Friedensprozess der 1990er Jahre erweitert den Jargon vom Elefanten im Raum um eine zeitliche Dimension. Die Existenz der palästinensischen Geflüchteten wurde im Rahmen des Prozesses zwar von Israel anerkannt, jedoch aus den Gesprächen ausgeklammert und für die Zukunft aufgehoben. Knapp ein Vierteljahrhundert haben sich die Geflüchteten in dieser Zukunft aufgehalten, bis die Logik der US-amerikanischen Immobiliendynastien Trump und Kushner sie dort erreichte. Das Ziel dieser Logik war die Reduktion der Anzahl der Geflüchteten, deren Rückkehr beziehungsweise Entschädigung noch zu verhandeln ist. Die Abschaffung der Geflüchteten wurde mit der Frage eingeleitet, ob sie den Status von Geflüchteten überhaupt verdienen. Um eine Schlagzeile wie „USA erkennt Geflüchteten Rechte ab" zu vermeiden, wurde dem Menschenrechtsdiskurs ein Wirtschaftsdiskurs vorgeschoben. Das Ergebnis lautet: „US-Administration kürzt finanzielle Unterstützung für UNRWA" (Kennt noch jemand das Kürzel für das *Hilfswerk der Vereinten Nationen für Palästina-Flüchtlinge im Nahen Osten,* das nach dem Zweiten Weltkrieg gegründet wurde, um jüdischen Flüchtlingen zu helfen?). Rechnerisch funktioniert das so: Bei gleichbleibender Unterstützung pro geflüchteter Person und gleichzeitiger Kürzung des Gesamthaushalts würde sich die Anzahl der Geflüchteten von allein reduzieren. Rechtlich bedeutet diese Rechnung die Aberkennung des Geflüchtetenstatus, den 4,5 Millionen Nachkommen der Vertriebenen auf der Grundlage der UN-Resolution 302 IV (1949) erhalten haben. Das soll sich logisch anhören: Die Nachkommen einer Person, „whose normal place of residence was Palestine during the period 1 June 1946 to 15 May 1948, and who lost both home and means of livelihood as a result of the 1948 conflict", sind nicht deshalb Geflüchtete und verdienen Unterstützung; sie wurden zu Geflüchteten, weil sie Unterstützung erhalten haben. Mit dem Statusverlust verlieren die Geflüchteten nicht nur ihre abwesende Präsenz eines Elefanten im Raum, sie werden auch aus dem Rechtsraum ausgeschlossen. Darüber, dass Vertreibung die Chancenungleichheit für Generationen von Nachkommen bedeutet, weil der Grundbesitz der vertriebenen Vorfahren von ihren Vertreibern nationalisiert wurde, hat der damalige US-amerikanische Sonderbeauftragte für den Nahen Osten, Jared Kushner, in Harvard offensichtlich nichts gelernt.

In Israel wurden die abwesend-präsenten palästinensischen Geflüchteten bald schon vermisst. So erschien es mir jedenfalls, als ich von Nadim Sarrouh las, einem in Berlin lebenden deutschen Staatsbürger, dessen Vater 1948 aus Haifa vertrieben worden war. Als er bei der Einreise nach Israel seinen deutschen Pass vorzeigte, wollte die Vernehmungsbeamtin des Inlandsgeheimdiensts es nicht hinnehmen, dass der Mann mit palästinensisch klingendem Namen deutscher Staatsbürger ist. Sie fragte ihn: „Dein Blut ist aber nicht deutsch, stimmt's?“

> — “Trump moving to strip Palestinians of refugee status: report”, 4. August 2018, aljazeera.com. — Amira Hass, „Shin Bet Holds German Citizen at Israeli Border: Your Blood Isn't German, It's Palestinian”, *Haaretz* vom 24. August 2018.

(3)

Aus Protest gegen die abgesagte Ausstrahlung des Films *Chirbet Chizah* (Regie: Ram Loevy, Israel und Palästina 1978) senden Mitarbeitende der israelischen Sendeanstalt für die Dauer des für die Ausstrahlung geplanten Zeitfensters fünfundvierzig Minuten lang ein Schwarzbild. Ein Bild, das zeigt, dass etwas nicht gezeigt wird. Mit Unterstützung von Hunderten aus der Belegschaft wurde der gezwungenermaßen freie Sendeplatz angeeignet, um auf die Existenz der Zensur als Instrument der Geschichtsschreibung bzw. -tilgung hinzuweisen. Für die von der Regierung propagierte zionistische Erzählung ist die Ausstrahlung der filmisch übersetzten Geschichte offensichtlich bedrohlicher als Literatur in Buchform. Auf die Schwarzbild-Sendung folgt ein breiter gesellschaftlicher Protest gegen die Staatszensur. Der Protest löst eine Polemik aus, die sich allein der Sende- und Redefreiheit sowie dem Informationsrecht widmet und nicht der Auseinandersetzung mit den palästinensischen Geflüchteten, mit ihrer Vertreibung und was diese bei dem jüdischen Offizier auslöste. Es geht auch nicht um die Frage, wie es um das Informationsrecht der palästinensischen Bevölkerung – in Israel oder in den besetzten Gebieten – bestellt ist. Wenn der Elefant im Raum eine Diskussion auslöst, widmet sich diese fast nie dem Verschwiegenen, sondern den gesellschaftlichen Umständen, die das Verschweigen pflegen.

2010 greift Dani Gal die Geschichte des Films *Chirbet Chizah* in seiner Installation *Zen for TV and The Birth of the Palestinian Refugee Problem* auf. Standbilder aus dem Film werden als Dias projiziert und ein Interview mit dem Regisseur Ram Loevy sowie Sounds aus der Filmtonspur werden zu einem Hörspiel, dessen optische Übersetzung auf einem Schwarzweiß-Fernsehmonitor zu sehen ist. Diese Übersetzung – ein weißer Punkt, der sich im Rhythmus des Sprechens zu einer horizontalen Linie ausdehnt bzw. schrumpft – ist das technische Bild, das in Tonstudios der Kontrolle dient, ob Ton da ist und die richtige Lautstärke hat, um gehört zu werden. Dieser weiße Punkt, der sich mit jeder Silbe ausdehnt und mit jeder Sprechpause in ihrer schwarzen Umgebung verschwindet, wird durch die erzählte Geschichte, die ihre Bewegung generiert, zum Bild der Kräfteverhältnisse zwischen Sprechen und Zensur. Die Übersetzung versichert, dass die Geschichte zu hören ist, und zugleich auch, dass die Hörbarkeit nicht nur eine Frage der Technik ist. Im Hörspiel erzählt Regisseur Ram Loevy (dargestellt von einem Schauspieler) vom Widerstand gegen die Produktion des Films, erst in der israelischen Sendeautorität, später im Parlament und in der jüdisch-israelischen Öffentlichkeit und

– wenn auch aus anderen Gründen – im palästinensischen Dorf Al Midya (Gouvernement Ramallah und al-Bira), in dem der Film gedreht wurde. Die Dreharbeiten waren zwar mit den Dorfältesten abgesprochen, doch als der Filmteam-Konvoi mit Fahrzeugen, Uniformen und Gewehren aus der Zeit des Kriegs von 1947-49 im Dorf eintrifft, erscheint den Bewohnerinnen und Bewohnern des Dorfes die Vorbereitung der Dreharbeiten als Vorwand für den Bau einer neuen Siedlung. Und eine Siedlung für die einen, das weiß das Gedächtnis des Dorfes, ist für die anderen eine Vertreibung.

2014 kehrt Gal zu *Chirbet Chizah* zurück, diesmal zum Drehort des Films, nach Al Midya. Er besucht das Dorf und schaut sich zusammen mit denen, die im Dorf leben, Ram Loevys Film an. Die hebräisch-arabische Tonspur wird von Rapper und Schauspieler Tamer Nafar simultan in die jeweils andere Sprache übersetzt. Die Dokumentation dieses Besuchs mit Film-Vor-und-Aufführung wird zum Material für Gals Film *Al Midya* (2014). Wenn der Film *Chirbet Chisah* im Film *Al Midya* läuft, hören wir den Text der Novelle von 1949, rezitiert in der Verfilmung von 1978, live übersetzt in 2014 und unterbrochen von Kommentaren der heute im Dorf lebenden Menschen. Zwischen den Zeiten – der Geschichte, des Films, seiner Rezeptionen – tritt der Übersetzer als Agent eines multitemporalen Gedächtnisses auf: eine Instanz, die die Geschichte der Novelle (die Vertreibung), die Geschichte ihrer Verfilmung (Zensur und Protest) und die Gegenwart der im Dorf unter Besatzung lebenden Nachfahren der Vertriebenen ineinander verschachtelt. Er instanziiert ein Gedächtnis, das sich weder universal noch partikular von dem einen oder anderen Kollektiv vereinnahmen lässt, weil er die

Geschichte als eine noch offene Sequenz – die andauernde Besatzung – vergegenwärtigt.

Gal kehrt nicht zu *Chirbet Chizah* zurück, weil er auf der Suche nach einer israelischen Identität ist, die sich in dem sensiblen jüdischen Offizier verkörpern soll, der „schießt-und-weint", wie später ein israelischer Stil in Kino und Literatur bezeichnet wird, der die Trauer von Soldaten über das, was sie getan haben und was sie stattdessen hätten tun sollen, zum Ausdruck bringt. Die Filmvorführung wird für die Dorfbewohnerinnen und -bewohner zum Anlass, ihre eigenen Erinnerungen an die Erzählungen von der Vertreibung und die Erfahrungen mit den Dreharbeiten zu Protokoll zu geben. Damit öffnet sich der Referenzrahmen des Ereignisses der Vertreibung auf die Geschichte ihrer Verarbeitung durch Verfilmung und auf die Überblendung von Filmkulissen- und Siedlungsbau – Flashback und Flashforward zugleich. Dieser multitemporale Referenzrahmen korrespondiert mit Referenzen, die bereits in der Novelle angesprochen werden und die Vertreibung in den Kontext von Kolonialismus und Shoah setzen: In seinem inneren Monolog beschreibt der Offizier und Ich-Erzähler in *Chirbet Chizah* seine Kameraden als „Kolonisatoren"; die Vertriebenen sieht er auf „Lastwagen" beladen, die einer nach dem anderen am Horizont verschwinden, wobei für „Lastwagen" und für „Wagen" der Eisenbahn auf Hebräisch das gleiche Wort gebraucht werden kann. Die Wahl dieses Wortes lässt im Hebräischen die Züge anklingen, mit denen die jüdischen Staatsangehörigen Europas in den Tod geschickt wurden. Weil dieser Nachhall vermutlich nicht übersetzt werden kann, fügt die deutsche Übersetzung der Novelle an der Stelle hinzu: „Und Wagen, Transporte ... Woran erinnert dich das ..." – eine Frage ohne Fragezeichen.

— Dani Gal, *Zen for TV and The Birth of the Palestinian Refugee Problem, Art 41 Basel/Art Statements,* Ausstellung vom 16. bis 20. Juni 2010. — Gil Hochberg, "From 'Shooting and Crying' to 'Shooting and Singing': Notes on the 2019 Eurovision in Israel", 17. Mai 2019, contendingmodernities.nd.edu.

(4)

In Elia Suleimans Film *Chronik eines Verschwindens* (Israel, Palästinensische Autonomiegebiete 1996) spielt der Regisseur sich selbst, einen Palästinenser und israelischen Staatsbürger, der aus „seinem Wahlexil in New York" nach Israel zurückkommt, um „seinen neuen Film über den Frieden" zu drehen. Als er eines Abends spät im Haus seiner Eltern in Nazareth eintrifft, findet er sie im Wohnzimmer vor dem Fernseher eingeschlafen. Aus dem Fernseher dröhnt der Vers des Tages aus der hebräischen Bibel, gefolgt von der Melodie der israelischen Nationalhymne. Diese beiden Programmpunkte, die bis 2012 allnächtlich die staatlichen Sendungen beendeten, verschlafen die Suleimans. Vielleicht sind sie in Träume verschwunden oder wohin auch immer man sich im Schlaf zurückzieht. Vielleicht sind sie nicht nur müde vom Tag, sondern auch des israelischen Staates müde. Jedenfalls entziehen sie sich einer Hymne, die Staatsangehörige, in denen „eine jüdische Seele" wohnt, besingt und Staatsangehörige wie sie verschweigt.

(5)

S. Yishars Novelle *Chirbet Chizah* wurde fünfzig Jahre nach ihrer Erscheinung ins Deutsche übersetzt. Die Hoffnung, dass Edward Saids Buch *The Question of Palestine* (1979) es irgendwann auch ins Deutsche schafft, ist also noch nicht aufzugeben. Irgendwann würde es sich auch in Deutschland bemerkbar machen, dass die antisemitisch missbrauchte „Judenfrage" knapp zwei Jahrhunderte älter ist als der Nationalsozialismus und ursprünglich die Erlaubnis zum Landerwerb betraf, zur Förderung jüdischer Emanzipation, Assimilation und Integration in die nichtjüdische Gesellschaft (in Großbritannien). Der Zionismus, der die Antwort bekanntlich außerhalb der nichtjüdischen Gesellschaft suchte, produzierte mit seiner Antwort eine weitere Frage: *The Question of Palestine*, wie Said sein Buch nannte. Darin analysiert er eines der frühen Sprachbilder des Zionismus, das den Jargon vom Elefanten im Raum mit aufgebaut hat: „A land without a people for a people without a land." Diese Vorstellung entfachte seit Beginn des 19. Jahrhunderts koloniale Fantasien. Befürworter eines jüdischen Staates in Palästina verwendeten dieses Bild, um zu behaupten, dass in Palästina kein Volk lebe, sondern lediglich eine zu vernachlässigende kleine arabische, fellachische und beduinische Bevölkerung von wandernden, gesetzlosen, erpresserischen Stämmen, wie der britische Dramatiker Israel Zangwill 1901 in *The Commercial Future of Palestine* schrieb. So verfestigte sich die Ansicht, das Land sei leer und stünde – ganz legitim – für die Entwicklung durch eine verdienstvollere Macht zur Verfügung. Für Said ist diese Sprachpirouette der Ausdruck eines Denkens, das eine tatsächliche Realität durch Wunschdenken annulliert und transzendiert. Deshalb zitiert er den Satz unter Auslassung des unbestimmten Artikels, welcher auf Englisch den Unterschied zwischen „einem Volk" und „Menschen" ausmacht: „A land without [a] people for a people without a land." Dadurch wird der Sinn dieses Satzes, wie er im Kontext des zionistischen

Projekts gemeint, aber nicht ausgesprochen wurde – Ein Land ohne Menschen für ein Volk ohne Land – unmissverständlich. Noch 1969 drehte Israels Premierministerin Golda Meir diese Pirouette weiter. Die Frage eines Interviewers, wie sie „das Auftauchen“ der palästinensischen Kampfeinheiten im Nahen Osten einschätze, brachte sie dazu, die Existenz dieser palästinensischen Einheiten – als etwas Neues – zuzugeben. Als ihr das klar wurde, schränkte sie sofort ein: „There was no such thing as Palestinians. When was there an independent Palestinian people with a Palestinian State?“. Damit waren die Palästinenserinnen und Palästinenser als Kampfeinheiten eingeführt, während die Existenz ihrer Vorgeschichte, die sie zu Kämpferinnen und Kämpfern gemacht hatte – Vertreibung, Enteignung und Besatzung – weiter negiert wurde. Dabei hätte die britische Presse aus der Zeit der britischen Herrschaft in Palästina etwas von der Geschichte der palästinensischen Existenz vor dem „Auftauchen“ der Kampfeinheiten mitbekommen haben müssen. Für Meir wiederum hätte es genügt, vor ihre Haustür zu treten, um alteingesessenen palästinensischen Menschen, ihrer Geschichte und Kultur zu begegnen.

Im deutschen Sprachraum, in dem *The Question of Palestine* als eine Fortsetzung der jüdischen Geschichte negiert wird, taucht nun eine Gruppe palästinensischer Kulturschaffender auf, die sich *The Question of Funding* nennt – vielleicht auch, um die internationale Gemeinschaft daran zu erinnern, dass Kulturförderung allein keine Antwort auf „the question of Palestine“ gibt. Im Rahmen ihres Beitrags zur *documenta fifteen* kuratiert *The Question of Funding* eine Ausstellung mit dem Künstler*kollektiv *Eltiqa* aus Gaza, das sie als Beispiel dafür sehen, wie sich Kulturschaffende in Palästina von internationalen Fördermitteln unabhängig machen. Die NGO-isierung der Kulturinstitutionen schafft zwar Zugang zu internationalen Fördermitteln, bringt aber gewisse Zwänge mit sich, was die künstlerische Arbeitsweise betrifft, sagt *QoF*-Mitglied Yazan Khalili im Interview mit Ben Ratskoff. *Eltiqa* hat ein Modell geschaffen, das aus der „von permanenten Finanzierungskrisen geprägten [NGO-]Monokultur“ ausbricht und beweist, „dass man keine NGO werden muss, um eine nachhaltige künstlerische Praxis zu haben“. In der Ausstellung zu sehen sind unter anderem die in Pflanzentöpfen *displaced* Kakteen von Mohammed Abusal und Chagalls schwebendes Liebespaar über Israels Sperranlagen von Mohammed Al Hawajri. Es sind Bilder, die sowohl Staatsgrenzen als auch die Grenzen eines Gedächtnisses überqueren, das sich ihnen verschlossen hat. Staatlich gesehen ist ihre Produktionsökonomie kriminell: Sie müssen auf Schmuggelware zurückgreifen, da beispielsweise Leinwand zu den Waren gehört, deren Einfuhr nach Gaza von Israel verboten wurde. Indem Al Hawajri aus kanonisierten Kunstwerken zitiert, führt er sie in einen Diskurs ein, der sie nicht als Originalwerke eines individuellen Künstlergenies hervorhebt, sondern in den eurozentrischen Kanon, in seine Kunstmarktökonomie und in das durch den Kanon organisierte Gedächtnis eingreift (so diskursiv wie Chagalls Liebespaar über der Sperranlage schwebt, hat sich der bundesdeutsche Präsident die Teilnahme „jüdischer Künstlerinnen oder Künstler“ an der Documenta wohl nicht vorgestellt. Sie sollten schon „aus Israel“ sein, als wäre die Documenta ein weiterer Anlass staatlicher Repräsentation, wofür Staatenlose den erforderlichen Status nicht vorweisen können). Und dann ist da noch der Titel von Al Hawajris Collagenserie *Guernica Gaza* (2010-2013), der die deutsche Ökonomie der Gedächtnisarbeit dazu einlädt, verschiedene Produktionsweisen des Todes in Betracht zu ziehen. Vielleicht zu früh. Schließlich illustriert Picassos *Guernica* (1937) noch 1990 eine Werbeanzeige der deutschen Bundeswehr und erinnert mehr an deren eigene Traditionspflege als an die von der Legion Condor in Schutt und Asche gelegte baskische Stadt. Dass die deutsche Presse in der Collageserie *Guernica Gaza* eine Gleichsetzung der Bombardierung von Guernica während des spanischen Bürgerkriegs mit den israelischen Bombardierungen von Gaza entdeckte, sagt mehr über sie aus als über Al Hawajris Bilder. "*Guernica* is human history. It's for all of us", sagt Khalili und fragt: "Can the Palestinian belong to a universal history?"

Auch ohne zu wissen, was Khalili mit „universal history“ vorschwebt, ist klar, dass es hier um die Teilhabe an einer Geschichte geht, die mehr als die Partikularität einer bestimmten Gemeinschaft betrifft. Eine Geschichte, die den palästinensischen Kampf in den weltlichen Kontext anderer Freiheitskämpfe einschreibt und Palästinenserinnen und Palästinenser nicht auf die ihnen von Israel zugeschriebene Rolle des Besetzt-Seins reduziert. Von dieser Rolle spricht auch Tareq Baconi in seinem Vortrag „Palestine and Holocaust Memory Politics“ auf der Konferenz *Hijacking Memory. Der Holocaust und die Neue Rechte*: Der „europäisch-koloniale Blick“ schaut auf die europäische Geschichte des Holocaust, kolonisiert aber ihre Fortsetzung außerhalb des Kontinents, indem er die in diese Geschichte hineingezogenen Palästinenser* nicht als Subjekte anerkennt, die „über eine eigene Stimme verfügen“. Diesen Kreislauf, in dem die Palästinenserinnen und Palästinenser stimmlose Akteure* eines deutsch-israelischen Stücks zu spielen haben, gilt es, Baconi zufolge, zu durchbrechen: „In unserem Kampf für die Freiheit müssen wir zu Beschützern des Völkerrechts, der Menschenrechte und der Rechenschaftspflicht werden. Und wir werden weiterhin sowohl für unsere Emanzipation als auch für eine Welt kämpfen, in der Gerechtigkeit, Freiheit und Gleichheit für alle möglich sind." Baconis Anspruch, die partikulare Emanzipation der Palästinenser* als Teil eines Kampfs für eine gerechtere Welt zu verstehen, heißt lediglich, ihre Rechte als Menschenrechte anzuerkennen. Dieses Weltbild ist unvereinbar mit dem weltlosen Bild einer deutsch-israelischen Ethik, für die der Holocaust ein bi-nationales Ereignis ist, das mit dem israelischen Staat wiedergutgemacht wurde. Dass die Palästinenser* dafür mit ihrer Freiheit und ihren Rechten bezahlen, scheint für Deutschland ein „fairer Preis", ein Kredit, den Deutschland in Anspruch und in Kauf nimmt. So verdeckt Deutschlands Geschichte der Entrechtung der jüdischen Staatsangehörigen Europas gewissermaßen ethisch gerechtfertigt die Gegenwart der Entrechtung der Palästinenser*. Mit den demokratischen Werten, die Deutschland für sich beansprucht, ist diese Ethik nicht vereinbar. Sonst müsste sie nicht von so vielen Möchtegern-*Watchdog*-Organisationen verteidigt werden, die palästinensische Stimmen – sobald sie die Rückzahlung dieses Kredits zur Sprache bringen – zum Schweigen zu bringen versuchen.

— S. Yishar, „Chirbet Chisa", in: *Geschichten von Krieg und Frieden*, aus dem Hebräischen von Ruth Achlama, Frankfurt a.M. 1997. — Edward W. Said, *The Question of Palestine*, New York 1979.

— Golda Meir im Interview mit Frank Giles, *The Sunday Times* vom 15. Juni 1969. — *The Question of Funding*, Ausstellung mit den Mitgliedern der *Eltiqa*-Kollektive Dina Matter, Mohammed Abusal, Mohammad Al Hawajri, Raed Issa und Raouf Al Ajouri, *documenta fifteen*, 18. Juni bis 25. September 2022. — *documenta fifteen*, Informationsschild zum Beitrag von *The Question of Palestine*, Ausstellungsraum WH22 (Werner-Hilpert-Straße 22, Kassel), 2022. — Ben Ratskoff und Yazan Khalili, „Can the Palestinian Belong to a Universal History?", *Jewish Currents* vom 28. Juli 2022. — Hubert Brieden, „Guernica: Umstrittenes Bild, bereinigte Geschichte", in: Julia Friedrich (Hg.), *Der geteilte Picasso. Der Künstler und sein Bild in der BRD und der DDR*, Köln 2021. — Tareq Baconi, „Palestine and Holocaust Memory Politics", *Hijacking Memory. Der Holocaust und die Neue Rechte,* Haus der Kulturen der Welt, 11. Juni 2022, https://archiv.hkw.de/de/app/mediathek/video/91258.

(6)

Ins Deutsche soll der Elefant im Raum aus dem englischen Sprachraum migriert sein, in dem ich mich ein wenig auf seine Spur begebe. Zunächst kommt mir der *white elephant* entgegen, und ich ahne nicht, was er mit dem Elefanten im Raum zu tun hat und erst recht nicht mit *questions of funding*. Der *white elephant* war lange in kolonialen Diskursen unterwegs, ist aber auch unter Englischsprechenden wenig bekannt. Meine Freundin Carol sagt mir, dass ein *white elephant* für "things that don't match" steht, wie "parts of an incomplete set of dishes". Mein Cousin Eddi kennt den Ausdruck nur in Zusammenhang mit *white elephant sale* – einer Verkaufsveranstaltung von Objekten, die zwar einen gewissen

Wert, aber keinen wirklichen Nutzen und höchstwahrscheinlich keinen Wiederverkaufswert haben. An das Nutzlose nicht passender Objekte knüpft das US-amerikanische Partyspiel *white elefant gift exchange* an und tauscht nutzlose Geschenke, ein Spiel, bei dem man sich spendabel zeigt und trotzdem spart. Die Mitspielenden bringen die Geschenke verpackt, so dass niemand weiß, was ihr oder ihm zufallen wird. Der Spaß beginnt, wenn das Nutzlose ausgepackt wird (und endet, sobald das Gedächtnis den deutschen Innenminister wiederauftauchen lässt, der die Abschiebung von 69 Asylsuchenden als Geschenk zu seinem 69. Geburtstag auspackt. „Das ist hier völlig unpassend, das sind doch Menschen, keine nutzlosen Objekte", will ich einwenden, aber das Gedächtnis führt seine eigene Regie, es hört nicht auf mich. Ins deutschsprachige Gedächtnis gezerrt, checke ich, ob dort auch weiße Elefanten herumwandern. Im *Lexikon zur öffentlichen Haushalts- und Finanzwirtschaft* werde ich fündig).

In der Entwicklungshilfepolitik steht der weiße Elefant für teure Großprojekte mit fragwürdigem Nutzen. Richtig integriert ist der weiße Elefant in den deutschen Sprachgebrauch noch nicht. Beim Wechsel vom englischsprachigen Wikipedia-Eintrag „white elephant" zum deutschsprachigen Äquivalent lande ich deshalb direkt bei „Investitionsruine" – einem Bauwerk, das nach Fertigstellung nicht genutzt wird oder das nach vorzeitigem Bauabbruch unfertig in der Gegend herumsteht. Zur Herkunft dieses „modernen Sprachgebrauchs" des weißen Elefanten wird oft eine populäre Anekdote bemüht. Demnach schenkte ein siamesischer König einem Untertanen, der seinen Neid weckte, oder einem verfeindeten Land einen Albino-Elefanten. Einen solchen

Elefanten zu besitzen war eine Ehre. Man durfte ihn weder zur Arbeit einsetzen noch veräußern. Deshalb würden seine Unterhaltskosten den Geschenkempfänger schließlich in den Ruin treiben. Diese Anekdote kursierte seit Jahrhunderten, doch erst in den 1850er Jahren, „als die USA und Großbritannien erneut ihr Interesse an der Aufnahme der wirtschaftlichen Beziehungen mit Siam bekundeten, wurde die Geschichte vom weißen Elefanten als unwillkommenes Geschenk zur kulturellen Währung". Mit der thailändischen Geschichte selbst hat das nichts zu tun, sagt die Historikerin Rita Ringis. „Weder hat je ein siamesischer Monarch das Tier als Last empfunden noch es verschenkt." Das Tier, das westliche Schriftsteller als weiß bezeichneten, heißt auf Thai *chang pheuak*, was so viel wie Albino oder *strangely coloured* bedeutet. Der weiße Elefant ist die Leistung von „Jahrhunderten der Fehlübersetzung", findet Ross Bullen in „This Alarming Generosity: White Elephant and the Logic of the Gift".

Fehlübersetzungen können produktiv sein, dazu ist allerdings die Sicht über die eigene Sprachraumgrenze hinaus unentbehrlich. Diese Sicht erspart sich der deutsche Politiker der christlich-demokratischen Union, Jens Spahn. Er bevorzugt das Bild des weiß-übersetzten Elefanten im Jargon einer Entwicklungshilfe, den er im migrationspolitischen Diskurs verbreitet, um Migration als Investitionsruine zu diskutieren. „Der weiße Elefant im Raum ist die Frage der Migration", schreibt er in einem sogenannten Gastbeitrag in der *FAZ* unter der Überschrift „Weiter ungeordnete, überwiegend männliche Zuwanderung". Die weiße Färbung des Elefanten gibt diesem Idiom eine Materialität, die den Abwesend-Präsenten in die Sphäre des Sichtbaren rückt, immerhin. Könnte Spahn Afdeutsch sprechen, würde er sagen: Migranten treiben Deutschland in den finanziellen Ruin. Für den christdemokratischen Werte-Diskurs hört es sich jedoch besser an, von der Gefährdung der Wohlstandsvorsorge durch Investitionsruinen zu sprechen (Hätten wir nur die Menschen, die in der Not auf unser Verantwortungsgefühl zählen, rechtzeitig darüber informiert, dass wir Verantwortung für unseren nationalen Wohlstand tragen und uns deshalb fragen müssen, ob es sich bezahlt macht, denen zu helfen, die einer Lage entfliehen, die Deutschland nur indirekt mitverantwortet. Dann wüssten sie, dass „Freiheit zur Verantwortung" (Jens Spahn) die Freiheit jener meint, die es sich leisten, auszusuchen, wen sie sterben lassen). Im Labyrinth der zwischensprachlichen Räume meldet sich nun ein „weißer Elefant im Raum" – ein Berliner Gymnasiast syrischer Herkunft – und testet, ob das Jonglieren mit Werten auch ihm zusteht. Im *Jetzt*-Interview schlägt er vor, Waffenexporte an die Aufnahme von Geflüchteten zu koppeln: Länder, die Waffen exportieren, verpflichten sich, die Menschen aufzunehmen, deren Häuser mit diesen Waffen zerstört wurden (Im Bundesministerium für Wirtschaft und Klimaschutz wird rasch geprüft, ob die an Israel verkauft-verschenkten U-Boote gegen Fischer in Gaza eingesetzt werden könnten). Für die gegenwärtige Ökonomie sind Bürgerinnen und Bürger Unternehmende. Als solche werden wir angesprochen, wenn wir vor Migrierenden als Investitionsruinen gewarnt werden. Da zählt nicht unser realer Wert, sondern die Frage, ob wir kreditwürdig sind. Die Würde des Menschen ist vielleicht unantastbar. Und vielleicht macht das jeden Menschen zwingend investitionswürdig.

— Wolfgang Bauer, Amrai Coen, Malte Henk, Caterina Lobenstein, Paul Middelhoff, Daniel Müller, Holger Stark, Britte Stuff, Henning Sußebach und Fritz Zimmermann, „Seehofers 69“, *Zeit Online,* 13. September 2018. — Ross Bullen, “This Alarming Generosity: White Elephant and the Logic of the Gift”, *American Literature* 83/4, 2011. — Jens Spahn, „Der weiße Elefant im Raum ist die Frage der Migration”, *Frankfurter Allgemeine Zeitung* vom 31. Oktober 2018. — Michel Feher, *Rated Agency. Investee Politics in a Speculative Age*, New York 2018.

Verblendet beim Erinnern der Gegenwart? Frag Franz

Der Anfang meiner Geschichte ist das Ende einer anderen, der Geschichte von Andreas, der Erinnern von Gedenken nicht mehr unterscheiden kann. Andreas, der den Zweiten Weltkrieg als Auslandsreporter in Amsterdam verbringt, kehrt nach dem Krieg heim nach Deutschland und borgt sich Susannes roten Porsche, um das KZ Mauthausen zu besichtigen. Er steigt aus und findet, dass der rote Porsche deplatziert ist, dass ein Volkswagen nicht weniger deplatziert wäre, dass zu Fuß kommen auch nichts ändern würde. Er ist ehrlich genug, zuzugeben, dass das, was er besichtigen würde, kein Konzentrationslager mehr wäre, sondern eine Gedenkstätte. Und Gedenkstätte scheint ihm eine kleinbürgerliche Übersetzung von Sightseeing zu sein. Mit dieser Erkenntnis endet die Geschichte, die Grete Weil von Andreas erzählt: Er wird keine Erinnerung aus einem Konzentrationslager aufschnappen können, in dem er nicht interniert war. Was damit beginnt, ist eine Erinnerungskultur, die dem gedenken will, was nicht erinnert werden kann, eine Erinnerungskultur, die sich die Erinnerungen anderer so sehr zu eigen macht, sich so sehr mit den Erinnerungen anderer verwechselt, dass sie ihr den Blick auf die Gegenwart verklären.

„Historisch", so erfahre ich in der editorischen Einleitung zu einem Beitrag von Aram Lintzel in *Texte zur Kunst* 2020, „war der ‚Judenboykott' eine Vorstufe zur Massenvernichtung. Seine Aktualisierung vernachlässigt empathielos die jüdische Erfahrung der Shoah. Derart stellt auch die Boykottstrategie der antiisraelischen Kampagne BDS [*Boykott, Divestment and Sanctions*], die besonders im Kunst- und Kulturbetrieb starken Zulauf erfährt, eine ethische Verfehlung dar, mit der ihre Unterstützer*innen konfrontiert werden müssen."

Israelboykott als Aktualisierung des Judenboykotts zu bezeichnen, zeigt einmal mehr die weit verbreitete Verwechslung von Israel und jüdischem Volk. Sie suggeriert, dass in deutschen Diskursen zwischen Juden*, die in der Diaspora leben, und Juden*, die in Israel leben, keinerlei Unterschied besteht. Dabei wird Jüdinnen und Juden, die außerhalb Israels leben, eine eigenständige Position – nicht nur, aber auch gegenüber Israel – abgesprochen. Mehr noch, es markiert sie als Bürger*, die in den verschiedenen Nationalstaaten als Minorität gern gesehen sind – und zwar als Botschafter* „des Staats der Holocaust-Überlebenden", die eigentlich dorthin gehören. Deutschland braucht Israel, um von einem „Staat der Holocaust-Überlebenden" sprechen zu können in einer Rhetorik der Wiedergutmachung, die vor Jahrzehnten auf den Pausenknopf gedrückt hat, als wäre damit der Verlauf der Geschichte aufzuhalten. Ergänzend dazu schaffte es Israel mit seinem Anspruch, der jüdische Staat zu sein, eine Verständigung darüber zu etablieren, dass alle in der Welt lebenden jüdischen Menschen Satellitenbürger* Israels seien und für seine Politik stehen oder eben sterben können sollten. Deutschland und Israel sind auf einer gemeinsamen Zeitreise (1). Das Ziel heißt „Historische Verantwortung". Den Fahrplan für diese Reise liefert ein höchst problematischer Begriff von Erinnerung, der dazu dient, die Shoah als nationales bzw. binationales Ereignis einzuschreiben und es auch die gegenwärtige Verantwortung gegenüber der Welt außerhalb dieser gemeinsamen Erfahrung dominieren zu lassen.

Ich bin einer, der mit der „jüdischen Erfahrung der Shoah" lebt, um dessen empathielose Vernachlässigung sich offensichtlich gesorgt wird. Ich bin auch einer, der zum „Kunst- und Kulturbetrieb" gehört, der hier als Sammelbecken für BDS-Unterstützende – in Bundestagsbeschluss-Rhetorik „Antisemiten" – dargestellt wird. Es ist Corona-Zeit. Der zivile Flugverkehr in Israel ist weitgehend lahmgelegt, aber in einem Flughafen herrscht reger Verkehr. Beladen mit militärischer Ausrüstung „Made in Israel" fliegen Flugzeuge des Typs Iljuschin-76 der Cargo-Gesellschaft *Silkway* nach Aserbaidschan. Die Waffen werden von Aserbaidschan gegen die armenische Enklave Bergkarabach eingesetzt. Mit der Offensive Aserbaidschans – auch gegen zivile Ziele – ist der Bergkarabachkonflikt erneut ausgebrochen. Corona sagte ich schon. Die israelische Wirtschaft ist im Tief, ein schlechter Zeitpunkt, um Geschäfte zu unterlassen. Aserbaidschan auf eine Unterlassung des Waffenhandels mit Israel anzusprechen, könnte jemand an Judenboykott erinnern. Tut auch niemand.

Ich muss Franz anrufen, Franz Werfel, der den Roman *Die vierzig Tage des Musa Dagh* über den Völkermord an den Armenierinnen und Armeniern geschrieben hat. Ich muss ihn erst einmal damit updaten, dass „der Staat der Shoah-Überlebenden" den Völkermord an den Armeniern* durch das Osmanische Reich nicht anerkennt. Dann würde ich ihn fragen, ob er ... „als Jude, oder was?", würde er mich unterbrechen ... ob er denkt, dass die „jüdische Erfahrung der Shoah" israelische Juden* auf die Idee bringen sollte, dass ihre Waffenlieferungen die armenische Erfahrung des Genozids empathielos vernachlässigen. Aber ich rufe Franz nicht an. Womöglich würde er mir noch sagen, dass die Toten nur fiktive Geschichten erzählen können, und Fiktion ist Kunst, und als Künstler wäre ich der BDS-Nähe verdächtig und könnte meinen Job verlieren. Das wäre ja nicht so schlimm, doch Selbstboykott ist hier nicht das Thema.

Zurückgeworfen auf mein anderes Ich, das mit der „jüdischen Erfahrung der Shoah" lebt, frage ich mich, wie es dazu kommt, dass ich auf diese Empathie, die mir entgegengebracht werden soll, lieber verzichten würde. Empathie ist doch so menschlich, aber wenn sie mir als Jude entgegengebracht werden soll, kommt sie mir wie die bloße Umkehrung jener „unmenschlichen Handlungen" vor, die seit den Nürnberger Prozessen in deutschsprachigen Diskursen herumgeistern. „Das den Nürnberger Prozessen zugrunde liegende Londoner Statut hat [...] die ‚Verbrechen gegen die Menschheit' als ‚unmenschliche Handlungen' definiert, woraus dann in der deutschen Übersetzung die bekannten ‚Verbrechen gegen die Menschlichkeit' geworden sind; als hätten es die Nazis", fügte Hannah Arendt hinzu, „lediglich an ‚Menschlichkeit' fehlen lassen, als sie Millionen in die Gaskammern schickten, wahrhaftig das Understatement des Jahrhunderts." Armenien protestiert gegen die israelischen Waffenlieferungen an Aserbaidschan und ruft seinen Botschafter aus Tel Aviv zurück. Jerusalem nimmt dies mit „Bedauern" zur Kenntnis. Schon wieder so ein menschlicher Gefühlsausdruck. Ich gestehe, ich habe nicht viel übrig für eine Staatspolitik der großen Gefühle. Seitdem ich begriffen habe, dass es eine ganze Verwandtschaft von mir gibt, die ich nie kennenlernen und deshalb nie betrauern können werde, begriff ich auch, dass ich von dieser Politik emotional missbraucht werde. Serientätermäßig. Der Nationalstaat interessiert sich nicht für mein Gefühl des unbetrauerbaren Tods. Er braucht eine Trauer, die sich in den Dienst der Nation stellen lässt. (Franz fragt, wie ich dazu komme, Hannah Arendt zu zitieren, und ob dieses Zitat wirklich von ihr kommt, oder ob es von der zeitgenössischen deutschen Pop-Ikone gleichen Namens stammt, deren Pelzcape kürzlich im Deutschen Historischen Museum ausgestellt wurde. Ob ich wirklich meine, dass solche analytischen Texte, solche Wissens- und Denkerfahrungen als Teil einer „jüdischen Erfahrung der Shoah" gelten können? Das würde den Erfahrungsbegriff, der auf Abstammung und eigenem Erleben beruht, ja sprengen.)

Ich erinnere mich an eine Demonstration in Tel Aviv nach dem Massaker in den palästinensischen Geflüchtetenlagern Sabra und Schatila im Jahr 1982. Ich erinnere mich daran, wie der Staat Israel sich vor der eigenen Untersuchungskommission verteidigt hat: das Massaker wurde nicht von israelischen Soldaten ausgeübt; diese hätten lediglich die Geflüchtetenlager umstellt und Leuchtbomben geworfen. So konnten die maronitisch-katholischen Milizen sehen, was sie taten. Ich erinnere mich an den Riss, der sich in meinem staatsbürgerlichen Vertrag mit Israel auftat, als mir klar wurde: Ich lebe in einem Staat, der Massaker per Outsourcing ausübt; in einem Staat, der die palästinensischen Geflüchteten von 1948 nicht nur aus dem Land und dem Diskurs jagen möchte, sondern auch aus ihrer neuen Bleibe im Exil; und nicht nur sie, sondern auch ihre Geschichte, die mit dem Archiv der Palästinensischen Befreiungsorganisation als Kriegstrophäe nach Tel Aviv verschifft wurde. Wie gründlich. Unter Freunden* sagten wir uns, wenn Scharon, der damalige Verteidigungsminister, einmal Ministerpräsident wird, würden wir wohl auswandern müssen. Als ich 1985 in Berlin ankomme, stelle ich fest, dass solche Erinnerungen wie Nachrichten aus einem fernen Land aufgenommen werden. Ich beginne meine Erinnerungen in Kunstwerken zu thematisieren und merke in Gesprächen darüber, dass der Begriff „Erinnerung“ – wenn er von einem israelischen Juden in Deutschland angesprochen wird – sogleich wo ganz anders hinführt, zu einer Geschichte, für die der Begriff „Erinnerung“ reserviert zu sein scheint, für die Shoah. („Warum Shoah auf Hebräisch? Schreib ruhig ‚Holocaust‘, gerecht werden kann diesem Geschehen eh keine Sprache. Und sag, muss man jetzt in Deutschland immer ein Stück aus der eigenen Garderobe präsentieren, wenn man seine Gedanken kundtut?“ „Nein, Franz,“ sage ich, als ob er mich hören würde, „sie wollten im Deutschen Historischen Museum doch nur zeigen, dass jemand, der denkt, auch nur ein Mensch ist, der gelegentlich ein Pelzcape trägt.“ Ich muss Franz unterdrücken. Ich meine, seine Nummer. Er platzt in meine Erinnerung hinein mit einer Gegenwart, die auch schon wieder vergangen ist. Wer soll dieser multichronologischen Geschichte noch folgen können?) Ich musste bei jedem Wort genau aufpassen, ich war ja dabei, Deutsch zu lernen, und so schien mir der Unterschied zwischen „Erinnern“ und „Gedenken“ im öffentlichen wie privaten Sprachgebrauch in Deutschland häufig zu verschwimmen. Ich hätte beinah vergessen, wie ich Wörter damals Silbe für Silbe anstarrte, wie wenn die Tatsache, dass in einem Wort wie „Gedenken“ auch das Wort „denken“ sich lesen lässt, weitreichende gesellschaftliche Konsequenzen haben könnte. Aber Micha Brumlik erinnert mich daran, wenn er 2020 Michael Rothbergs Konzept der *multidirectional memory* ohne meine Skrupel einmal mit „multiperspektivischem Gedenken“ und einmal mit „multiperspektivischem Erinnern“ übersetzt. Wem dient es, wenn Erinnern und Gedenken austauschbar werden?

Ich vergewissere mich noch einmal. Ich kann mich zum Beispiel nicht daran erinnern, dass meine Mutter bei HASAG Zwangsarbeit leistete. Das weiß ich von der Lochkarte, die ihre Häftlingsnummer trägt, die mit ihrer Buchenwald-Häftlingspersonalkarte übereinstimmt. Ich kann mich auch nicht an die Verfolgung von Hans Gasparitsch erinnern, der nach seiner Befreiung aus dem KZ Dachau aufgrund des KPD-Verbots der BRD 1956 seine Stelle als Redakteur der *Volksstimme* verliert, wegen seiner politischen Haltung in keiner Zeitung Fuß fassen kann und seinen Lebensunterhalt zunächst in einem Milchladen verdient. Aber ich kann ihrer gedenken. Und wenn ich Hans Gasparitschs gedenke, dann gedenke ich nicht nur des Überlebenden, sondern auch des Demonstranten, der 1993 in Bonn gegen die Änderung des Asylgesetzes protestierte – in seiner Häftlingskleidung aus Dachau. Aber es gibt in Deutschland kein Gedenkritual für Hans Gasparitsch als einem von den Nazis und der BRD – wenn auch unterschiedlich – verfolgten Kommunisten. („Das neue Gedenkritual ist ein Photo Op.“ Ich habe Franz offensichtlich nicht richtig unterdrückt. Er schafft es weiterhin, sich zu melden. Es folgt das Bild von Israels Außenminister Gabi Ashkenazi, seinem emiratischen Amtskollegen Scheich Abdullah bin Zayed und Gastgeber Heiko Maas beim Besuch des Denkmals für die ermordeten Juden in Europa in Berlin. Dann das Bild von Heiko Maas als Justizminister mit seiner damaligen israelischen Amtskollegin Ajelet Schaked, die ihn im Helikopter durch den Himmel über die israelisch-besetzten

Gebiete führt. Und schließlich das Bild von Schaked, die für ihre Partei mit einem Parfümflakon der Marke FASCISM wirbt. Ich vermutete Franz auf Wolke sieben und unterschätzte vollkommen seine Verbindung mit der Cloud.) Erinnern ist zunächst subjektiv. Erst im Gedenken wende ich mich Geschichten und Ereignissen zu, die mit meiner Biografie gar nichts oder indirekt zu tun haben, wohl aber mit der Tatsache, dass ich in der Welt lebe. Aus Erinnerungen kann ich den Sinn für ein Unrecht entwickeln, das mir widerfahren ist, doch erst im Denken und Gedenken berühre ich das Unrecht, das jemand anderes erlebt hat. Gedenken ist die Wiederaufführung von Ereignissen in Gedanken. Es findet zu einem bestimmten Zeitpunkt in der Geschichte statt und führt – wie jede Wiederaufführung – die gegenwärtige Differenz zu den gedachten Ereignissen mit auf. Es wird erst dann sinnvoll, wenn es in das umschlägt, was ich mit meinem Wissen zur Zeit des Gedenkens zu tun gedenke. Sonst ist Gedenken nichts weiter als ein Ritual, um in (nicht erinnerbare) Erinnerungen zu versinken, die bestenfalls die beteiligten Personen an ihre Zugehörigkeit zu einer Gemeinschaft erinnern. Es ist anzunehmen, dass auch das nächste Berliner deutsch-israelisch-emiratische Treffen nicht beim Denkmal für die im Nationalsozialismus verfolgten Homosexuellen stattfinden wird.

Der Begriff „Erinnerungskultur" ist also weder ein Übersetzungsfehler (2) noch eine Variation von „Gedenkkultur", sondern eine Politik, derzufolge das Nicht-Erinnerbare verinnerlicht werden soll. Sowohl in Israel wie auch in Deutschland erhält diese Form der Verinnerlichung Vorrang vor einem Gedenken, das ein vergangenes Ereignis wiederaufführt, dabei aber den Verlauf der Geschichte nach dem gedachten Ereignis anerkennt, und sich so als zeitgenössisches Ereignis einschreibt. Sowohl der Grund für als auch das Ergebnis dieser gedenkenlosen Verinnerlichungspolitik mag das Phantasma des „Nie wieder“ sein. Ob das (jüdisch) israelische „nie wieder wie Lämmer zur Schlacht geführt zu werden“, oder das deutsche „nie wieder Krieg“ (und Täter* sein) – wer kann schon das Versprechen, das im „nie“ steckt, einlösen? Zwei Staaten, die sich das gegenseitig versprechen und das Versprechen ausschließlich auf sich beziehen? Es geht Israel und Deutschland um Versöhnung und zukünftige Beziehungen. Doch die ethischen Maßstäbe, die beide Staaten auf Grund des Holocausts etablieren, lassen sie außerhalb ihrer Beziehung sehr unterschiedlich gelten. So nimmt Deutschland 2015 Geflüchtete aus Syrien auf und lässt sich ausgerechnet vom *Zentralrat der Juden in Deutschland* an eine „Obergrenze“ erinnern. Israel hingegen darf sich auf die *Deutsch-Israelische Gesellschaft e.V.* verlassen, die mit Papieren wie „Der Mythos Nakba“ daran arbeitet, Kritik an Israels Verständnis der gemeinsamen ethischen Maßstäbe als Verschwörungstheorie erscheinen zu lassen.

Auch die Nie wieder-Wunschdenker* wissen, dass sie über die Zukunft wenig sagen können. Deshalb versuchen sie es mit der Vergangenheit. „Historische Verantwortung“ als Ziel dieser Zeitreise ist etwas übers Ziel geschossen, ist es doch eine Reise, die mit „historischer Verantwortung“ begonnen hat und also null Bewegung zeigt. Nach über siebzig Jahren liest man immer noch in der deutschsprachigen, der Staatsraison folgsamen Presse – jetzt auch in *Texte zur Kunst* – von Israel als „dem Staat der Holocaust-Überlebenden“. Diese deutsche Wunschvorstellung ignoriert die Bemühungen zur Errichtung dieses

Staates, die viel weiter zurückreichen als in die Zeit der Geburt der Holocaust-Überlebenden. Auch reduziert „der Staat der Holocaust-Überlebenden" die Überlebenden auf ihr Schicksal und ordnet alle anderen Bürger* dieses Staates eben dieser Geschichte unter. Eine Art Kolonialismus mit sprachlichen Mitteln. Wie wenn es keine israelischen Bürger* gäbe, die vor und nach der Staatsgründung ins Land migriert sind, die zahlenmäßig größer sind als die Holocaust-Überlebenden und das Land viel mehr geprägt haben. Wie wenn es keine Jüdinnen und Juden gäbe, die auch nach dem Holocaust nicht nach Israel einwanderten oder etwa aus Israel auswanderten. Ganz zu schweigen von palästinensischen und anderen nichtjüdischen Minoritäten. Egal, sie müssen jetzt mal draußen bleiben, sonst stimmt es nicht mit der historischen Verantwortung. (Oh je! Ausgerechnet jetzt pusht die Anbieterfirma von Franz die Nachricht, ich hätte nicht die Berechtigung, seine Nummer zu unterdrücken ... Ach so, man braucht eine Berechtigung, um zu unterdrücken. Wo abonniert man das denn? Anschließend poppt eine Werbung für Pelzmäntel auf. Dann eine Nachricht von Franz: „Arendt oder nicht Arendt oder auch Arendt?" Vielleicht hätte ich doch mit Franz sprechen sollen. Als jemand, der an das Leiden eines anderen Volkes als dem, dem er angeblich angehört, gedacht hat, hätte er ... „hätte ich was?" liest er meine Gedanken, „Nichts hätte ich ... erinnerst du dich nicht mehr, was die jüdische Presse in Palästina zu meinem Roman über den Völkermord an den Armeniern* geschrieben hat? Der jüdisch-deutsche Schriftsteller könne sich doch Helden widmen, die ‚seiner Rasse' näherstehen, anstatt die Antwort auf eine ‚typisch jüdische Frage' – damit meinen sie Verfolgung – ‚bei Fremden' zu suchen. Sagt man für Solidarität mit sich selbst nicht besser Selbstmitleid?")

Mein Ehrgeiz, die deutsche Sprache zu beherrschen, wurde nicht selten von Erschöpfungsphasen heimgesucht. Eine solche Erschöpfung überkam mich nach einem Gespräch mit einem Freund, der endlich die Einsicht zeigte, dass Menschen jüdischer Herkunft auch Erinnerungen haben können, in denen Deutsche nicht die Hauptrolle einnehmen. Das war eine Erschöpfung, wie sie sich bei der Entspannung nach einer großen Anstrengung bemerkbar macht. Ich ging in die Bibliothek der Westberliner Jüdischen Gemeinde, um mich mit einem hebräischsprachigen Buch zu erholen, es hätte fast jedes Buch sein können, Hauptsache auf Hebräisch. Wie es die Serendipität wollte, verließ ich die Bibliothek mit *Was ist Existenzphilosophie?,* einem dünnen Büchlein auf Deutsch, von einer mir bis dahin unbekannten Autorin, Hannah Arendt. Zuhause in Berlin-Neukölln schrieb ich einem Freund in Israel, er solle bitte dieses Buch, oder welches auch immer er von Arendt auf Hebräisch findet, ausleihen, photokopieren und mir schicken. Nach einigen Wochen erhielt ich drei Seiten mit einem Auszug aus einem Text, der für eine Anthologie über Autorität übersetzt wurde. Erst im Jahr 2000 erscheint die erste Übersetzung eines Buchs von Arendt auf Hebräisch. Zum ersten Mal kam mir in den Sinn, dass Israel nicht der jüdische Staat, sondern ein Staat von zionistischen Juden* ist. Eine Besprechung der Hannah Arendt-Ausstellung im Deutschen Historischen Museum beginnt so: „Man sagt, der beste Weg, einen subversiven Autor kaltzustellen, sei, ihn zu kanonisieren." Man müsste Arendt jetzt also entkanonisieren. Vielleicht würde sie dann wieder gelesen werden. Vielleicht sogar der eine oder andere ihrer subversiven Gedanken. „Wenn Hannah Arendt [1946] davon berichtet, wie Deutsche sich aufgrund des NS-Verbrechens vor ihr dafür schämen, deutsch zu sein, und wie sie sich dann versucht fühle, ihnen zu sagen, dass sie sich schämt, ein Mensch zu sein, dann wird nicht die Verantwortung Deutschlands für dieses Verbrechen in Frage gestellt, seine Dimension und Wirkung für das Menschsein aber entnationalisiert." („Hallo? Wie bitte? Franz, bist du es? Ja, richtig, entnationalisieren (3) (4) (5) (6) (7) ... nein, Arendt hat ‚entnationalisieren' nicht geschrieben, aber meinst du nicht, um ‚ein Mensch zu sein' muss die nationale Identität vergessen werden? ... ich melde mich später ... das steht in ihrem Text *Organisierte Schuld*, der so weitergeht: ‚Diese grundsätzliche Scham, die heute viele Menschen der verschiedensten Nationalitäten miteinander teilen, ist das einzige, was uns gefühlsmäßig von der Solidarität der Internationalen verblieben ist; und sie ist bislang politisch in keiner Weise produktiv geworden.'")

Das politische Potential dieses grundsätzlichen Schamgefühls liegt in seiner Zerstreuung zwischen Menschen verschiedener Nationalitäten, die jeweils eine eigene Perspektive haben. Eine Protestantin im Schwarzwald muss sich für Sabra und Schatila nicht mehr oder weniger oder anstatt oder gleich wie ein jüdischer Israeli schämen. Sie kann aber angesichts dieses Verbrechens, und auch ohne der beteiligten Nation anzugehören, ein Schamgefühl empfinden. Dieses Schamgefühl basiert weder auf persönlicher Handlung noch auf nationaler Zuschreibung, sie stellt sich in Anbetracht des sich erweiternden Registers menschlicher Gewalthandlungen ein. Gibt es ein solches Schamgefühl heute noch? Oder wieder? Oder anders? Schämt sich jemand in Berlin der Tatsache, dass Mohammad Bakri zwanzig Jahre lang sich und seinen Film *Jenin, Jenin* vor der israelischen Justiz verteidigen musste; dass er von ehemaligen israelischen Soldaten angeklagt wurde, die in Jenin gekämpft-haben-würden-sie-sagen und mit ihrem Ich-war's-nicht-Chorus den israelischen Staatsanwalt als Mitankläger auf ihre Seite gebracht haben? Soll Bakri besser Selbstmordattentäter werden? Oder, als palästinensischer Israeli, sich mit BDS-Aktivismus selbstboykottieren? Schämt sich jemand in was weiß ich wo der Tatsache, dass der deutsche Bundestag 2019 McCarthyismus probt, um Israel weiterhin den Wolf spielen, aber im Schafspelz auftreten zu lassen? Ich schäme mich. Ich schäme mich. Nicht als Jude, nicht als Deutscher, nicht als Künstler, nicht als zweite Generation Holocaust-Überlebender. Damit mir niemand mehr sagt, „Du als ... kannst es sagen“. Ich werde zunächst die Scham als Selbstschutz anlegen – vor Zuschreibungen, die der Nationalisierung meiner Erfahrungen dienen. Ich muss nicht zwei Düfte vergleichen, um zu merken, dass der eine schon stinkt. Das Unrecht fragt mich auch nicht, wer ich bin, bevor es mir ins Auge sticht. („Oder, Franz? ...“ „Ja, klar habe ich die Bilder vom Empfang der jüdisch-ukrainischen geflüchteten Kinder bei Steinmeier gesehen. Und? ... Zum Glück hat der Innenminister sie ins Land gelassen. Zum Glück hat Israel gerade keine Kinder aus dem Gazastreifen rausgelassen. Noch ein Empfang hätte den Terminkalender des Präsidenten gesprengt ... und Schlagzeilen wie ‚Deutschland gedenkt israelischer Täter‘ kann man in einen Sci-Fi-Roman schreiben, aber ...“ „Oh, Franz! Kannst du es mir noch einmal schreiben, etwas expressionistischer? Und bitte ein paar Beverly Hills-Palmen zwischen den Zeilen, damit es besser in die Zeit deines Exils eingeordnet werden kann, du weißt schon, Exilliteraturforschung, für Gegenwart hat unser Gedächtnis gerade keine freien Kapazitäten.")

— Grete Weil, *Tramhalte Beethovenstraat*, Wiesbaden 1963. — Aram Lintzel, „Warum Israel. Über die Kampagne Boykott, Divestment and Sanctions (BDS)", *Texte zur Kunst*, Heft 119: *Anti-Antisemitismus*, September 2020. — Yossi Melman, „Wenn die Kanonen donnern, blühen die Waffengeschäfte mit Aserbaidschan auf" (Hebr.), *Haaretz* vom 6. Oktober 2020. — Hannah Arendt, *Eichmann in Jerusalem*, München 2004. — Christoph Ehrhardt, Friedrich Schmidt und Jochen Stahnke, „Mit einem Sturmgewehr gegen Artillerie", *Frankfurter Allgemeine Zeitung* vom 8. Oktober 2020. — Laurence A. Rickels, *Der unbetrauerbare Tod*, Wien 1989. — Deutsches Historisches Museum Berlin, *Hannah Arendt und das 20. Jahrhundert,* Ausstellung von 27. März bis 18. Oktober 2020. — Micha Brumlik, „Für ein ‚multidirektionales' Erinnern. Der Beitrag Michael Rothbergs", *Texte zur Kunst: Postscript Anti-Anti-Semitism*, 30. September 2020, textezurkunst.de — Mattias Meisner, „Zentralrat der Juden fordert Obergrenze", *Der Tagesspiegel* vom 24. November 2015. — Jörg Rensmann, „Der Mythos Nakba. Fakten zur israelischen Gründungsgeschichte", deutsch-israelische-gesellschaft.de, August 2013. — Yair Auron, *The Hundred Years of Musa Dagh* (Hebr.), Haifa 2017. — Itamar Ben-Ami, „Alle verehren Hannah. Die Frage ist, warum" (Hebr.), *Haaretz* vom 22. Juli 2020. — Eva Meyer und Eran Schaerf, *Anhörung*, Vorschlag für einen Film für die KZ-Gedenkstätte Dachau, Eingeladener Wettbewerb 2018, unveröffentlicht. — Hannah Arendt, „Organisierte Schuld", *Die Wandlung* 1, Heft 4, 1945-1946; wiederveröffentlicht in Hannah Arendt, *In der Gegenwart. Übungen im politischen Denken II*, hrsg. von Ursula Ludz, München 2000.

(1)

Andreas ist sich sicher: Eine Romanfigur zu sein, ist auf Dauer nichts für ihn. Aber wie kommt er da raus und wo hin? Susannes roter Porsche ist vor dem Eingang des ehemaligen Konzentrationslagers deplatziert, auch dessen ist er sich sicher. Aber nun ist er damit hierhergefahren und der Wagen muss zurück. Wie in Zeitlupe steigt er ein, als würde er sich überlegen, das Auto doch noch hier stehen zu lassen. Im Rückspiegel sieht er durch die Heckscheibe noch einmal den eisernen Reichsadler über dem Eingangstor und rechts davon, über einer Seitentür, ein improvisiert befestigtes Schild mit dem Wort „Besuchereingang“, das sich mit dem Wind herumschlägt. Soll er hineingehen? Dafür ist er immerhin hierhergefahren. Er schaltet das Autoradio an und ist in Kassel im Jahr 2022, bei der Rede des deutschen Bundespräsidenten zur Eröffnung der *documenta fifteen*. Er ahnt, dass er in eine Zeitreise geraten ist, in eine führerlose, deren Route er kaum mitbestimmen kann. Nach dem Satz „Kunst hat keinen politischen Auftrag“ schaltet Andreas das Gerät wieder aus. Das scheint ihm im Moment das Mindeste, was er tun kann. Ihm ist danach, das Gerät zu zertrümmern, doch das würde eine Auseinandersetzung mit Susanne nach sich ziehen, die doch so freundlich war, ihm ihr Auto zu leihen. Nach dem Sightseeing im Lager wollte er seine Gedanken am Ufer der Donau schweifen lassen. Stattdessen sitzt er im Wagen, scannt mit bloßen Augen das lederbezogene Handschuhfach, bis sein gesenkter Blick das Buch auf dem Beifahrersitz trifft, das Susanne ihm vor der Abreise geschenkt hat. Sie drückte es ihm mit den Worten in die Hand: „Wenn du in die Vergangenheit willst, vergiss nicht, dass sie mehrere Anfänge hat.“

Erst jetzt merkt er, dass Susanne ihm eine Widmung ins Buch geschrieben hat: „Wie will nun jemand die Wahrheit über den Faschismus sagen, gegen den er ist, wenn er nichts gegen den Kapitalismus sagen will, der ihn hervorbringt? (Bertold Brecht)."

> — Grete Weil, *Tramhalte Beethovenstraat*, Wiesbaden 1963. — Bundespräsident Frank-Walter Steinmeier, „Rede zu Eröffnung der *documenta fifteen*", Kassel, 18. Juni 2022, bundespräsident.de — Bertolt Brecht, zitiert nach Jean-Marie Straub und Danièle Huillet, *Einleitung zu Arnold Schoenbergs Begleitmusik zu einer Lichtspielscene*, West-Deutschland 1972.

(2)

Es war einmal ein Robin Ausdemwald. Deutsch konnte er nicht, hat sich aber aus dem Französischen übersetzen lassen, wo er Robin Dubois hieß. In den späten 60er Jahren des 20. Jahrhunderts zog er durch deutschsprachige Comic-Seiten und versuchte, die Leute auszurauben. Die Tatsache, dass seine Existenz als reale historische Figur nie belegt werden konnte, machte es verführerisch, ihn mal als wagemutigen Wegelagerer, mal als Kämpfer für soziale Gerechtigkeit zu übersetzen. Doch machte sein Name Robins Übersetzerin Sorgen. Bis in die frühen Morgenstunden grübelte sie über Robins *Hood,* der ihr im deutschen Wald verlorengegangen schien. Kapuze und Käppchen waren naheliegend. Doch rechnete die Übersetzerin nicht damit, dass Robin sich jemals der Hitze der Hebron-Hügel aussetzen würde, und legte also keinen Wert darauf, ihn mit Sonnenschutz auszurüsten. Von der *Herald Tribune,* die von Robin Hood of the Westbank berichtete und ihn als einen israelischen Aktivisten outete, blieb die Übersetzerin unberührt und sie recherchierte weiter. „Gangster“, „Rowdy“ und „Ganove“ boten sich als Alternativen an. Nicht ganz passend für den Gerechtigkeitskämpfer, der Robin auf Englisch gewesen sein sollte, aber für den Räuber, der er auf Französisch wurde, durchaus. Jahre vergingen, neue Wörterbücher wurden gedruckt und *Hood* tauchte als Kürzung von *Neighbourhood* auf, das im Slang auch „Getto“ genannt wird. Eine Zeit lang zog Robin Ausdemgetto durch die Notizseiten seiner Übersetzerin, um zu testen, wie er mit diesem Namen von seiner Umgebung angenommen würde. „Wenn du Jude und weiß bist“, bekam er zu hören, „schämst du dich, aus dem Getto zu sein, aber wenn du Afroamerikaner bist und aus dem Getto kommst, bist du stolz darauf.“ „Und wenn ich aus dem Irak komme und jüdisch und dunkelhäutig bin?“ „Bingo. Im Irak gab es auch Gettos. Ausdemwald kannst du mit Nachnamen sowieso nicht heißen, es gibt keine Wälder in der Westbank. Außer denen natürlich, die im Rahmen des zionistischen Projekts gepflanzt wurden, um die Spuren zerstörter palästinensischer Dörfer als Freizeitgebiete zu maskieren. Aber wer will schon aus einer Umweltmaske kommen?“ Deutschsprachigen Medien machte „Robin Ausdemgetto“ es möglich, von einem israelischen Aktivisten zu berichten, ohne in Verdacht zu geraten, sie hätten etwas gegen Freizeitgebiete. Immerhin sagt „aus dem Getto zu sein“ auf Deutsch etwas aus, auch wenn ein anderes Getto als das irakische gemeint ist. Gegen die Überblendung zweier Geschichten protestiert auch selten jemand. Bald konnte die Meldung aufgesetzt werden und zirkulieren: Im Prozess gegen den israelischen Aktivisten Robin Ausdemgetto kommt es heute zur

Urteilsverkündung. Für die Beleidigung zweier Soldaten, die einen Bulldozerfahrer bei der Zerstörung palästinensischer Häuser geschützt haben, wurde er bereits für schuldig befunden. Weltweit setzen sich Balladen- und Romanfiguren für den Aktivisten ein.

(3)

Politisch etablierte die Auseinandersetzung mit der NS-Diktatur die Übernahme von historischer Verantwortung, Wiedergutmachung und Erinnerungskultur als Vorsätze einer Erinnerungspolitik, die zwar nicht so genannt wurde, jedoch zum Grundpfeiler bundesdeutscher bzw. deutscher Identität werden sollte. So gut diese drei Vorsätze klingen mögen – wenn sie zur staatlich betriebenen emotionalen Enteignung der Staatsangehörigen zwecks nationaler Identitätskonstruktion eingespannt werden, wird ihr politisches Potential ausgehöhlt. Denn politisch gesehen ist das NS-Verbrechen mehr als ein bestimmender Faktor deutscher Identität. Daran erinnert Hannah Arendt, wenn sie – als Deutsche *und* Jüdin – in Anbetracht des NS-Verbrechens sich als Mensch schämt. Mit der Beschreibung dieses Schamgefühls als ein von der Solidarität der Internationalen verbliebenes, stellt Arendt sich als Mensch außerhalb einer humanistischen Utopie, jedoch innerhalb einer Gemeinschaft der Nationen. Durch diesen Perspektivwechsel wird die Verantwortung Deutschlands für das Verbrechen nicht in Frage gestellt, aber seine Dimension und Wirkung für das Menschsein über die nationale Zugehörigkeit eines Menschen hinaus reklamiert. Die Solidarität der Internationalen wäre damit in eine multiple Loyalität übersetzt, in jenen Begriff also, mit dem Nationalstaaten öfters Minoritäten und migrantische Gemeinschaften diskreditieren, weil sie nicht Loyalität zu einem einzigen Staat zeigen. Multiple Loyalität würde jedoch eine (Ge-)Denkkultur hervorbringen, die der Pluralität sowohl innerhalb als auch außerhalb eines Staates Rechnung trägt. Die Erinnerung an die Shoah zu entnationalisieren wäre nichts weiter als ein Eingeständnis Deutschlands, dass das NS-Verbrechen Staatsangehörige verschiedener Staaten betroffen hat und weiterhin betrifft. Von Staatsangehörigen zu sprechen heißt, an den politischen Status der Opfer zu erinnern, bzw. die Produktion ihrer Statuslosigkeit zu bedenken, die der Massentötung vorausging und sich in dieser oder anderer Form bis heute fortsetzt. Sollten die politischen Maßstäbe, die durch die NS-Verbrechen gesetzt wurden, nicht mehr gelten, kann der politische Status eines Menschen nicht in einer national konstruierten Identität begründet sein. Um eine Perspektive jenseits einer nationalen Identitätszuschreibung einzunehmen, muss man sich ab und zu vergessen.

(4)

Die Gleichsetzung von Antizionismus und Antisemitismus blickt auf eine lange Geschichte der blinden Weitsicht zurück, die an zukünftigen Fantasien jüdischer Nationalisierung strickt. Bereits Ende des 19. Jahrhunderts verstand sich der politische Zionismus als „internationaler Nationalismus“, der jüdischen Staatsangehörigen unterschiedlicher Nationalstaaten durch ein eigenes Land zur Emanzipation verhelfen sollte. Zeitgleich zur Formierung dieses internationalen Nationalismus bildete sich der antizionistische Widerstand – von liberalen, sozialistischen und orthodoxen jüdischen Organisationen, die sich zum Teil aus diesem Widerstand heraus gegründet haben und bis heute bestehen. Lange vor der nationalsozialistischen Machtergreifung in Deutschland galt Assimilierung aus zionistischer Sicht als Entnationalisierung von Juden und Jüdinnen aus ihrer eigenen Nation-im-Werden. Die Assimilierten ihrerseits warfen dem zionistischen Projekt vor, sie aus den unterschiedlichen Nationen, in die sie sich assimiliert haben, zu entnationalisieren. Für Klara Blum bedeutet Entnationalisierung nicht unbedingt den Verzicht auf „nationales Leben", wenn dieses ohne ein eigenes Territorium mit anderen Minoritäten gelebt werden kann. 1938 veröffentlicht Blum in der Moskauer Exilzeitschrift *Das Wort* die Reportage „Auf jüdischer Erde". Mit „jüdischer Erde" ist nicht Palästina gemeint, das die Zionistin enttäuscht nach Europa zurückkehren lässt, sondern Formen jüdischer Autonomie wie in der Sowjetunion unter Stalin. Diese zeitweiligen „Wunder" erklärt sich die feministische Sozialistin so: „Es sind einfach die Herren nicht mehr vorhanden, in deren Interesse es lag, Völker gegeneinander aufzuhetzen." Im Ansiedlungsrayon Kalininskoje beobachtet Blum ein „nationales Leben ukrainischer Juden", die neben Sinti* und Roma*, Deutschen, Moldauern* und Griechen* ihre Kollektivwirtschaften betreiben. Dort hört sie „durch die klare Luft die Gespräche der von der Arbeit heimkehrenden Männer und Frauen, die in ihrem lebhaften Jiddisch über den Bau des Weinkellers debattieren. Ich sage absichtlich ‚jiddisch' und nicht ‚Jargon', denn es ist ein [...] gepflegtes, beinah klassisches Jiddisch, ähnlich dem, das im Moskauer Jüdischen Staatstheater gesprochen wird. Neue schöne Wortbildungen fallen auf: so die Bezeichnung ‚Ratenmacht' für Sowjetmacht, ‚Klangenfilm' für Tonfilm. [...] Jizchak Abramowitsch rezitiert in seinem markigen Jiddisch ein Gedicht von [Lejb] Kwitko, rezitiert es schön und schwungvoll und ganz ohne

Rücksicht auf Professor Weizmann, der beim letzten Zionistenkongreß die These aufstellte, die Juden würden in der Sowjetunion ‚entnationalisiert'." Blum, die in Czernowitz geboren wurde und in Wien aufgewachsen ist, geht 1947 nach China, schreibt weiterhin auf Deutsch und veröffentlicht ihre Werke in der DDR. Sie beendet die Zusammenarbeit mit dem Greifswalder Verlag, als der Verleger, der mehrere erfolgslose Aufnahmeanträge in die NSDAP vorzuweisen hat, ihren Sozialismus für das deutsch-deutsche Geschäft einzuspannen versucht: „Sie schreiben zu politisch; Sie müssen in Zukunft so schreiben, daß ich Ihre Bücher in Westdeutschland verbreiten kann." In der Nachkriegszeit wurden osteuropäische sozialistische Ansätze wie der von Blum ebenso wie die westeuropäischen Assimilationsprojekte pauschal für gescheitert erklärt. Der Holocaust führte nicht zu einer Diskussion über Formen der Autonomie von Minoritäten in Nationalstaaten, sondern zur Favorisierung einer jüdischen Souveränität und ihrer Verlagerung in den außereuropäischen Raum. Der politische Zionismus ist somit aus dem zweiten Weltkrieg als Sieger hervorgegangen und setzte dem Nationalstaatskonzept mit Israel ein bröckelndes Denkmal. Verloren haben die europäischen Staaten, die ihre jüdischen Staatsangehörigen diesem *social engineering*-Projekt preisgegeben haben – ob lebend oder als Tote, die posthum einen Staat als Vertreter zugewiesen bekamen. Ihren Verlust versuchen europäische Staaten heute wettzumachen, indem sie Antizionismus zum Antisemitismus erklären, anstatt sich Fragen zum politischen Status und zur kulturellen Autonomie von Minoritäten in Nationalstaaten zu stellen.

— Klara Blum, „Auf jüdischer Erde. Reportage",
Das Wort, Nr. 11, November 1938.

(5)

Wenn ein Soldat im Krieg fällt, erzählt uns der Staat, es sei für die Nation, womit das Gedenken an den Gefallenen zur staatlichen Angelegenheit wird. Wenn ein Soldat, wie in der Erzählung *Schlafen* (1907) von Isolde Kurz, wegen Desinteresse im Krieg zu Tode kommt, ist das Gedenken an ihn für den Staat nicht zu gebrauchen. „Wir müssen eben eine neue Eingabe machen", sagt der zum Inspektor gewordene Veteran zur Mutter von Wilhelm, dessen Name „noch immer […] nicht auf dem Stein" für die Kriegsgefallenen steht – als handelte es sich um eine Staatsvergesslichkeit. Aber Wilhelm wurde vom Staat nicht vergessen. Auch nicht von seinen Freunden, „um keinen haben die Kameraden mehr geweint". Und schon gar nicht von seiner Mutter. Der Staat, Wilhelms Freunde und seine Mutter haben aber jeweils einen anderen Wilhelm im Sinn. Der Staat registriert, dass Wilhelm bei der Wache eingeschlafen ist, nach einem Feldgerichtsurteil von den „besten Schützen" unter seinen Kameraden hingerichtet wurde und dessen Name deshalb nicht auf den Obelisken gehört. Die Kameraden gedenken Wilhelms, der ihnen passiven Widerstand im Wehrdienst zeigte und vielleicht das Gefühl hinterlassen hat, sie hätten etwas anderes machen können, als Ehrenzeichen zu sammeln. Wilhelms Mutter, der die Todesumstände ihres Sohns vorenthalten wurden, glaubt sich zur Nation zugehörig und sucht nun Trost im Schriftzug von Wilhelms Namen am „Denkstein". Niemand sagt ihr, dass Wilhelm zwar „fürs Vaterland" in den Krieg gegangen ist, sein Tod aber entnationalisiert werden musste. Das verstaatlichte Gedenken steht nur jenen zur Verfügung, deren Tod die nationale Erzählung vorantreibt.

Anders als ein Grabstein, der den Ort eines Bestatteten markiert, oder ein Denkmal, das den Ort markiert, an dem

Menschen zu Tode gekommen sind, sind Denkmäler, die irgendwo, meist im Stadtraum, errichtet werden, recht abstrakte Staatskunstwerke. Sie markieren den Wunsch nach einem zukünftigen Gedenken, bestätigen den Vertrag zwischen Staat und Staatsangehörigen und schreiben damit eine zeitlose nationale Erzählung fort. In ihrem Schmerz wehren sich Trauernde nur selten gegen die Verstaatlichung ihrer Trauer. Wenn Wilhelms Mutter wüsste, warum der Tod ihres Sohnes entnationalisiert wurde, würde sie sich vielleicht fragen, für welches „Vaterland" ihr Sohn gestorben ist. Doch für sie bleiben die Todesumstände ihres Sohnes ein „Staatsgeheimnis". Das Geheimnis betrifft eine Politik des Gedenkens, die „außerhalb der [spezifischen] Erzählung" ihre Ziele weiterverfolgt, die Erzählung überdauert und Trauernde als „eine Grabstele mit unausweichlichem Bezug" hinterlässt. Das Lüften dieses Geheimnisses würde die staatliche Gedenkpolitik offenlegen und das wiederum würde den Staatsvertrag gefährden.

„Für eine Nation zu sterben" mag auf Deutsch verstaubt klingen. Seit 1949 beteiligen sich Bundeswehrsoldaten*, wenn, dann an NATO-Einsätzen, die sowohl für eine Nation als auch für das Bündnis und seine Vorstellungen der weltweiten politischen Sicherheit durchgeführt werden. Die Schlachtfelder der ethnisch-nationalen Konflikte und ihre Toten, schreibt Idith Zertal, sind der „Stoff", aus dem die moderne Nation gemacht wurde, und die „rituelle Rückkehr" zum „Tod für die Nation", das, was Nationen „zusammenschweißt". Als diese „rituelle Rückkehr", der nationale Gedenktag, 2023 in Israel näher rückte, wurde in den Protesten gegen den religiös-nationalen Putschversuch der Regierung eine Gruppe immer präsenter – Trauernde, Angehörige von Toten, die beanspruchten, dass ihre Kinder, Geschwister und Eltern mit ihrem Leben für eine Nation bezahlt hätten, die nicht nach Theokratie, sondern nach Demokratie strebte. Obgleich diese demokratische Vorstellung auch die Herrschaft über das palästinensische Volk beinhaltet, erscheint sie den Protestierenden erstrebenswert, weil sie ein Fenster für künftige Verhandlungen offenhält. Nach jahrzehntelanger Besatzung ist diese Vorstellung von Demokratie mehr als zweifelhaft, dennoch impliziert sie für die Protestierenden, dass nationale Souveränität nichts wert ist, wenn sie in eine Staatsform mündet, die Freiheiten raubt. Zunächst protestierten die Trauernden mit Sprüchen wie: „Mama, kämpfe für die Demokratie, für die ich gefallen bin". Oder: „Mein Bruder ist im Jom-Kippur-Krieg gefallen, für einen Bürgerkrieg habe ich keine Brüder mehr übrig." Am nationalen Gedenktag reklamierten die Protestierenden ihre Trauer für sich, indem sie in das staatliche Protokoll des Gedenkrituals eingriffen, das Reden von Regierenden an den „Orten des Trauerns" vorsieht. Wenn Gräber die Behausung der Toten sind, besetzten die Trauernden die Behausungen ihrer Familienangehörigen und entnationalisierten sie damit aus dem von der Regierung angestrebten religiös-nationalen Narrativ. In Isfiya, einem mehrheitlich drusischen Dorf auf dem Berg Karmel, legte sich ein älterer Trauernder auf die Straße und hinderte eine Ministerin an der Weiterfahrt zum Militärfriedhof des Dorfes, wo sie an der Gedenkveranstaltung teilnehmen sollte. Ein Banner auf der Friedhofsmauer verband den „Tod für die Nation" mit der selektiven Durchsetzung des Gesetzes gegen illegales Bauen in nichtjüdischen Ortschaften: „Gefallene Drusen, genießt eure Grabstellen frei von Strafgebühren und Abrissverfügung." In Be'er Sheva wurde der Gesandte der Regierung durch einen Seiteneingang in den Militärfriedhof eingeschleust. Für die Dauer seiner Rede bedeckte ein Vater das Grab seines Sohnes, damit dieser sie nicht hören muss. In Tel Aviv wurde einem Minister applaudiert, nachdem er auf seine Rede verzichtete und das Mikrofon an eine trauernde Mutter abgegeben hat. Der Appell des Verteidigungsministers, Politik am nationalen Gedenktag aus den „Orten der Trauer“ herauszuhalten, war an eine Nation adressiert, die es nicht mehr gibt. Der Putschversuch rückte die Spaltungen der einheitlich imaginierten Nation als evidente Tatsache in den Vordergrund. Eine entnationalisierte Trauer findet seit 18 Jahren ihren Ausdruck in der gemeinsamen palästinensisch-israelischen Gedenkveranstaltung, die von den *Israeli Palestinian Bereaved Families for Peace* und *Combatants for Peace* organisiert wird. Um diese Veranstaltung zu verhindern, verweigerte der Verteidigungsminister palästinensischen Trauernden die Einreise nach Israel. Doch nach einer Intervention des Obersten Gerichtshofs musste der Minister seine Entscheidung revidieren. Wenn die Angehörigen von Toten ihre Trauer aktivieren, sprechen sie für sich und für die Toten – ein heikles Unterfangen. Doch wird damit die schwer verortbare Trauer als politischer „Ort“ reklamiert, als Ort des Widerstands, der Gedenkrituale in politischen Protest umschreibt – gegen die Nationalisierung der Trauer, die Trauernde nur ausschließen oder vereinnahmen kann.

— Isolde Kurz, „Schlafen“, in: *Lebensfluten,* Stuttgart und Berlin 1923. — Eva Meyer, „Die Frau, die nicht unterschreibt“, in: *Autobiografie der Schrift*, Basel und Frankfurt a.M. 1989. — Idith Zertal, *Nation und Tod. Der Holocaust in der israelischen Öffentlichkeit,* Göttingen 2003. — Fadi Amun, „Drusische Protestierende hinderten Ministerin Gila Gamliel daran, den Friedhof in Isfiya zu betreten“ (Hebr.), *Haaretz* vom 25. April 2023. — Josh Breiner, „Starke Sicherheitsvorkehrungen auf dem Friedhof von Be’er Sheva, ein trauernder Vater bedeckte aus Protest das Grab seines Sohnes“ (Hebr.), *Haaretz* vom 25. April 2023.

(6)

In Wanda Jakubowskas Film *Zaproszenie* (*Die Einladung*, Polen 1985) fährt ein ehemaliger Pole und nun Amerikaner in Begleitung einer weiterhin Polin im Mercedes Auschwitz-Birkenau besuchen. „Noch nicht genug mit der Besichtigung?", fragt sie, die im Lager inhaftiert war, ihn, ihren totgeglaubten Verlobten, der 40 Jahre nach dem Krieg wiederaufgetaucht ist. „Es ist keine Besichtigung", erwidert er, „ich will wissen, was du erfahren hast". Muss man dafür an dem Ort der Erfahrung gewesen sein? „Eine Erfahrung zu machen" und „davon zu wissen" liegen bei Jakubowska weit auseinander und würden sich auch durch eine noch längere Ortsbesichtigung nicht näher kommen. Deshalb handelt der Film von der Isolierung der Frau aufgrund ihrer Erfahrung. Es ist eine Isolation, aus der man nur mit Verlusten – für beide Seiten – ausbrechen kann: die isolierte Person verzichtet auf lückenloses Verständnis, und die zuhörende Person versteht Lücken als Wissensträgerinnen, die nicht zu erschließen sind. Ein Flashback in die Haftzeit zeigt die Frau, die aus ihrer Baracke heraus sieht, wie draußen gefangene Sinti* und Roma* zusammengetrieben werden. Wohin, zeigt der Film nicht, das kann man sich denken. Spätestens als die Frau in den Raum der Baracke ruft: „Heute Zigeuner, morgen wir." Daraufhin bekreuzigen sich die Inhaftierten und beginnen zu beten. Vom Flashback führt der Film zurück in ein Leben mit dem Holocaust, das nicht ein jüdisches Leben mit dem Holocaust ist. Zwar wird das Paar bei einem Denkmal gezeigt, auf dem Janusz Korczaks Name auch auf Hebräisch steht, doch wird dieser Film aus der Perspektive einer nichtjüdischen Frau erzählt, die in Auschwitz-Birkenau inhaftiert war und in eine Isolation befreit wurde, aus der sie mit einer Karriere als Kinderärztin auszubrechen versuchte. Ihre Ungeduld bei der „Besichtigung“ offenbart ihre Zweifel an dieser Form der Wissensaneignung der Erfahrungen anderer. Das kann Jakubowska meisterinhaft: zu denken geben. Dafür ist die Besichtigung des Orts der Erfahrung wichtig. Sie kippt fast ins Dokumentarische und zeigt gerade dadurch, dass sie inszeniert ist und sich Erfahrungen nicht zeigen lassen, nur ihre Wiederaufführung. Und Wiederaufführungen, die Authentizitätsansprüche hinter sich gelassen haben, geben zu denken. Zum Beispiel an die gesellschaftlichen Konsequenzen der Erfahrung einer Person, die es nicht auf Empathie abgesehen hat. Oder daran, wie der Satz „Heute Zigeuner, morgen wir“ einer Denkerfahrung aus dem Holocaust gedenkt, die über ethnische und nationale Zugehörigkeiten hinausreicht. Dorthin führt uns Jakubowskas sozialistische Perspektive – im Mercedes.

(7)

„Wie der Essay die Begriffe sich zueignet“, schreibt Theodor W. Adorno, „wäre am ehesten vergleichbar mit dem Verhalten von einem, der im fremden Land gezwungen ist, dessen Sprache zu sprechen, anstatt schulgerecht aus Elementen sie zusammenzustümpern.“ Wäre diese Person im Sinn des französischen *essai*, Probe, eine, die probt? Die Assimilation probt, wenn sie fremde Begriffe aneignet und immer wieder aufführt? Wird die Person durch die Wiederaufführung der fremden Begriffe demjenigen ähnlich, dem diese Begriffe nicht fremd sind? Beiden ist Sprache ein „Mittel bei dem Versuch, den anderen sich ähnlich zu machen“ (Paul Valéry). Dem einen Versuch werden weitere folgen, denn diese Assimilation strebt nicht nach Identisch-Werden, sondern findet im Ähnlich-Werden ihre Dauerperformance. Sie lässt in der einen wie der anderen vermuteten Identität Lücken entstehen, „Diskontinuität" nennt es Henri Bergson. Da Diskontinuitäten den Fluss nationaler Narrative stören, nimmt der Staat die Angelegenheit der Assimilation gerne selbst in die Hand, anstatt sie einzelnen Subjekten zu überlassen. Die Kolonialmächte haben es vorgemacht.

Im Lateinischen bezeichnet Assimilation den Vorgang, sich „in Richtung des Ähnlichen" (*towards similar*) zu bewegen. Das Verb assimilieren wurde seit dem 17. Jahrhundert im Sinn von „nachahmen", „imitieren", die Form von etwas annehmen, aber auch „vortäuschen" und „vorgeben" gebraucht, was auf den Vorgang des Ähnlich-Werdens als eine prozessuale, performative Praxis hinweist. Um 1900 werden Indigene der portugiesischen Kolonien in Afrika, die die Staatsbürgerschaft erhielten, als „assimiliert" bezeichnet. In den französischen Kolonien wird eine „Assimilationspolitik" durchgesetzt, um unterworfene Bevölkerungen zu „zivilisieren" und in die Kultur des Mutterlands zu „integrieren". Später bezieht sich „assimiliert" auf Juden und Jüdinnen in den westeuropäischen Nationalstaaten, die die Anpassung an ihre nichtjüdische Umgebung selbst anstreben und dies als Teil ihrer Emanzipation begreifen.

Zu den Assimilierten in Deutschland zählt wohl auch der Arzt und Sexualwissenschaftler Magnus Hirschfeld, der Assimilation als performative Praxis denkt, die die Übersetzbarkeit des Subjekts im Alltag aufführt. „Das Wort, in dem die alte Benennung des Schauspielers ‚Mime' steckt, leitet sich von nachahmen ab [...]. Vieles, was für ein Volk typisch erscheint, beruht in

Wirklichkeit nur auf Mimikry, teils entstanden durch aktive, mehr oder minder unbewußte Anpassung, teils durch den suggestiven Einfluß von Umgebung und Überlieferung, teils aber auch durch passive Auslese [...]. Die volle Bedeutung der sozialen Mimikry wird uns erst klar," führt Hirschfeld fort, wenn wir „das Gesetz des Wanderns" berücksichtigen. „Es wird durch sehr verschiedene Gründe veranlaßt, wie durch Übervölkerung, Nahrungsmangel, Kriege, Staatsumwälzungen, Verfolgungen, auch durch innere Unruhe, Veränderungstrieb, Unternehmensdrang, Abenteuersucht, Wissbegier." Hirschfelds „Gesetz des Wanderns" betrifft nicht nur Personen, die, ob freiwillig oder gezwungenermaßen, von einem Land in ein anderes migrieren, sondern auch die Bewegung zwischen sozialen Schichten und Geschlechtern: „Ich kannte einen Transvestiten, der jahrelang als Bruder und Schwester lebte; er trat abends in demselben Lokal als zitherspielende ‚Tirolerin' auf, in dem er als sein angeblicher Zwillingsbruder – er war Postschaffner – Mittag aß, ohne dass der Wirt wusste, daß Bruder und Schwester (die er niemals beisammen sah, weil eines von ihnen ‚stets das Haus hüten mußte') ein und dieselbe Person war."

Wenn das, „was für ein Volk typisch erscheint" auf Nachahmung beruht, zerfällt die Konstruktion „Volk", wie die NS-rassistische Ideologie sie an den Rassenbegriff knüpfte.

Für ein Subjekt, das sich als übersetzbar darstellt, werden angeblich authentische Komponenten wie ethnische Herkunft, Heimat, Muttersprache, die für nationale Narrative so maßgeblich sind, angeeignet, nachgeahmt, aufgeführt und bei der nächsten Performance wiederaufgeführt. Das übersetzbare Subjekt ist einem anderen ähnlich, niemals identisch. Die Übersetzbarkeit ist für den Nationalstaat eine bedrohliche Erinnerung daran, dass die sogenannte nationale Kultur eine Formation ständiger Aneignungs- und Nachahmungsprozesse zwischen Subjekten, Gesellschaftsgruppen und Kulturen ist.

Die gewaltsame Variante der Assimilation ist ein Mittel, um das, was sich als ähnlich darstellt, in die Schranken des „Gleichen" oder „Anderen" zurückzuweisen. Dazu gehört ein kontinuierliches und widerspruchsfreies Narrativ. Aneignung, Nachahmung und Übersetzung unterbrechen aber diese begehrte Kontinuität, indem sie ein Narrativ zu schreiben beginnen, das in seiner Ähnlichkeit die Kategorien „anders" und „gleich" nicht bedient. Übersetzung heißt für das sich übersetzende Subjekt nicht von einer Sprache oder Kultur in eine andere, sondern sich Richtung Ähnlichkeit zu bewegen und diese Bewegung als alltägliche Praxis aufzuführen. Das Revolutionäre an Hirschfelds Assimilationsbegriff ist, wie Fred Moten schreibt, die Weigerung, „die künstliche Trennung zwischen Sozialität und Öffentlichkeit anzuerkennen". Hirschfeld erkennt ihren Unterschied, denkt sie jedoch zusammen. Denn im Alltag, wo das Subjekt sich stets übersetzt, von einem „ich" zum anderen switcht, switchen muss, um identitären Zuschreibungen zu entgehen, überschneiden sich Sozialität und Öffentlichkeit. Die Aufführung der Ähnlichkeit ist für den Postschaffner, der auch eine zitherspielende Tirolerin ist, und für die Tirolerin, die sich in einem fremden Land als, sagen wir, Oudspieler ausgibt, eine Überlebensstrategie, um nicht in die Falle der Identität einzutreten – der Preis für Zugehörigkeit zum Nationalstaat. Auf das Performative im

Alltag wird später Erving Goffman in *The Presentation of Self in Everyday Life* (1956) kommen: „When an individual plays a part he implicitly requests his observers to take seriously the impression that is fostered before them [and] to believe that the character they see actually possesses the attributes he appears to possess." Die Migrantin*, die Ähnlichkeit aufführt, besitzt nicht, was sie aufführt. Sie täuscht vor, es zu haben und nur für die Dauer der Aufführung. Wenn sie es in der nächsten Probe wiederaufführen wird, wird es ähnlich sein.

Nach dem Holocaust hat sich die Assimilation der jüdischen Minorität in Europa zunächst erübrigt, ist jedoch nicht aus dem Gedächtnis verschwunden. Wie jeder Begriff, der einmal in der Sprache Aufnahme fand, wandert der Assimilationsbegriff weiter und wird wieder zu einer Projektionsfläche für nationale Wunschvorstellungen. Davon zeugen beispielsweise hebräischsprachige Wörterbücher, die zu lesen geben, Assimilation sei „Ketzerei und Missachtung der ursprünglichen nationalen Kultur; so leben wie die Fremden [...], ein Prozess, in dem ein Individuum seine soziale und religiöse Einzigartigkeit verliert, meist durch Migration in ein fremdes Land und interreligiöse Heirat [...], der Assimilant ist eine Person, die unter dem Einfluss der Kultur eines fremden Volkes steht [...]. Die nationalen Bewegungen in Israel und der Zionismus bekämpfen die Assimilation der Juden in der Diaspora." Für ein ethnisch-nationales Projekt wie Israel, das stets um die jüdische Mehrheit in Palästina besorgt ist, mag die Bekämpfung der Assimilation zielführend sein; für die jüdische Diaspora kommt diese Kampfansage einem Aufruf zur Errichtung von Stetls gleich – mit Israel als Mutterland?

Ähnlich wie Hirschfeld denkt auch Jacqueline Kahanoff innergesellschaftliche und zwischenstaatliche Migrationen zusammen. Doch steht ihre Vorstellung von Assimilation als eine alltägliche performative Praxis unter anderen Vorzeichen. Es ist 1954 als sie in der jüdischen „nationalen Heimat" ankommt. Sie hat vorher in Paris, New York, Chicago gelebt, geboren und aufgewachsen war sie in Kairo unter britischer Besatzung. In Israel begegnet die jüdisch-ägyptische Autorin der Diskriminierung jüdischer Migrantinnen* aus arabischen und moslemischen Ländern durch jüdisch-europäische Migrantinnen*, die inzwischen in Palästina ansässig wurden, und sie beschreibt dieses Verhältnis als „internen Kolonialismus". Dabei geht es Kahanoff nicht allein um die Wanderung der Dichotomie von Kolonisierenden und Kolonisierten in den Nationalstaat der Nachkriegszeit, sondern um eine dritte Perspektive, die sie als Levantinerin einnimmt.

„Levantinerin*" war in der kolonisierten Levante eine abwertende Bezeichnung für eine Person, die sich Attribute europäischer Kultur aneignete und sie nachahmte. Aus kolonialer Sicht täuschte die Levantinerin bloß vor, Europäerin zu sein. Für die Levantinerin war die Nachahmung eine Praxis des Widerstands, um zwischen Kolonisierenden und Kolonisierten eine dritte Figur einzuführen, die sowohl der einheimischen als auch der europäischen Kultur ähnelt. Kahanoff geht es dabei nicht um die Vortäuschung einer Identität, sondern darum, durch die Aufführung der Ähnlichkeit, Identität als eine Monolithische zu destabilisieren. Die Levantinerin, schreibt sie, ist „not all of a piece", deshalb ist es für sie leicht, „to comprehend and assimilate a different culture". Homi K. Bhabha beschreibt später die Mimikry

„als den Affekt der Hybridität – als Modus sowohl der Aneignung als auch des Widerstands, vom Disziplinierten zum Begehrenden […]. Das *Bedrohliche* an der Mimikry besteht in ihrer *doppelten* Sicht, die durch Enthüllung der Ambivalenz des kolonialen Diskurses gleichzeitig dessen Autorität aufbricht [und] durch das beständig wiederholte Gleiten von Differenz und Begehren“ Autorität zerstört. Wenn sich Kahanoff im Israel der 1950er Jahre Levantinismus wiederaneignet, impliziert der Begriff das Widerstandspotenzial, das es in den Kolonien hatte, und das sich nun gegen die Schmelztiegelpolitik des Nationalstaats wendet, die aus Migranten* Einheimische produzieren will. Die Migrantin Kahanoff war, wie sie von sich berichtet, „not all that enthusiastic about being ‘absorbed'“.

1968 erscheint Kahanoff der Nationalstaat wie ein koloniales Exportgut mit abgelaufenem Datum, dessen Modernität nur noch dort glänzt, wo man bereit ist, Exportgüter schon deshalb zu begehren, weil sie aus Europa kommen. Als eine postkoloniale Option denkt sie die Levantinisierung sowohl für die geographische Gegend der Levante als auch für Europa mit seinen Minoritäten aus ehemaligen Kolonien. Weitere Minoritäten, die im Zuge der staatlich organisierten Arbeitsmigration entstanden sind, kommen hinzu. Anders als die Integration oder Assimilierung dieser Minoritäten in „the all-inclusive nation-state“, wäre die Levantinisierung Europas eine *gegenseitige* Assimilierung. Am Beispiel der israelischen Gesellschaft und dem “mixture of its people” wünscht sich Kahanoff: “If only the dominant group […] would recognize that assimilation is a two-way process, that change is both natural and necessary, and that to make it possible, [the dominant group] must discard many of its own prejudices and misconceptions and renounce its almost exclusive monopoly over [...] state institutions." In der Aufführung der gegenseitigen Assimilation wird die dominante Gruppe nicht mehr die Rolle der Beobachterin einnehmen können. Wenn sie sich auf ihre Assimilierung an Minoritäten einlässt, erkennt sie sich selbst und die in ihr lebenden Minoritäten als politisch gleichberechtigte Kräfte innerhalb einer „mixture" an – sie wird Mitakteurin.

Mit Hirschfelds „Gesetz der Mimikry" wäre gegenseitige Assimilation eine einvernehmliche Aneignung von kulturellen Zeichen, eine Fortsetzungsgeschichte von Nachahmungen. Die Deutung von Zeichen würde sich in dieser Geschichte nicht von einer Leitkultur herleiten, sondern von der mehrfachen Herkunft und der temporären Ankunft der Zeichen. Wird die Wanderung von Zeichen berücksichtigt, erweist sich jede Deutungshoheit über sie als obsolet. Denn mit Zeichen verhält es sich ähnlich wie mit migrierenden Personen: Der Nationalstaat möchte aus ihnen Einheimische produzieren, doch für sie endet die Migration nicht mit der Ankunft in diesem oder jenem Land. Für sie ist Migration eine Art des Denkens, die in anfänglich erzwungenen Bewegungen eine Bewegungsfreiheit findet und fortschreibt.

— Theodor W. Adorno, „Der Essay als Form", in: *Noten zur Literatur I*, Frankfurt a.M. 1958. — Paul Valéry, „Sprache", in: *Chaiers/Hefte 1*, hrsg. von Hartmut Köhler und Jürgen Schmidt-Radefeldt, aus dem Französischen von Markus Jakob, Hartmut Köhler, Jürgen Schmidt-Radefeldt, Corona Schmiele und Karin Wais, Frankfurt a.M. 1987. — Henri Bergson, *Zeit und Freiheit,* aus dem Französischen von Paul Fohr, Frankfurt a.M. 1989. —

Magnus Hirschfeld, *Geschlechtskunde*, Bd. I: *Die körperlichen Grundlagen*, Stuttgart 1926. — Magnus Hirschfeld, *Geschlechtskunde*, Bd. II: *Folgen und Folgerungen*, Stuttgart 1928. — Fred Moten, *The Universal Machine*, Durham 2018. — Erving Goffman, *The Presentation of Self in Everyday Life*, Edinburgh 1956. — Avraham Even Shoshan, *The New Dictionary* (Hebr.), Jerusalem 1988. — Jacqueline Kahanoff, "Reflections on a Levantine Jew", *Jewish Frontier*, April 1958. — Homi K. Bhabha, „Von Mimikry und Menschen" und „Zeichen als Wunder", in: *Die Verortung der Kultur*, aus dem Englischen von Michael Schiffmann und Jürger Freudl, Tübingen 2000. — Jacqueline Kahanoff, „Afterword: From East the Sun" (geschrieben 1968), und "Israel: Ambivalent Levantine" (erstveröffentlicht in hebräischer Übersetzung 1959), in: Deborah A. Starr and Sasson Somekh (Hg.), *Mongrels and Marvels. The Levantine Writings of Jacqueline Shohet Kahanoff*, California 2011.

Ich stelle mich zur Abwahl (1), (2), (3), (4), (5), (6), (7), (8), (9), (10), (11), (12), (13), (14), (15), (16), (17), (18)

(1)

Das unbestimmte Zeitintervall genannt Gegenwart kommt auch auf Zeitreisen vor und erinnert die Reisenden daran, dass eine Zeitreise, auch wenn sie eine bestimmte Zeit zum Ziel hat, mehrere Zeiten durchqueren wird. In dem Maße, wie diese Gegenwart die durchquerten Zeiten zulässt, dehnt sie sich und schließt mehrere Ereignisse ein, die sich bis zur Unkenntlichkeit entgrenzen. Das Ende eines Ereignisses erweist sich als dessen vorläufige Unterbrechung, die bald in eine Fortsetzung übergeht und Diskontinuität von Kontinuität ununterscheidbar werden lässt. In so eine Gegenwart gerate ich 2022. Sie erstreckt sich über den Sommer und in den Herbst hinein und erschüttert mein Vertrauen in Zeitwörter, deren Gebrauch davon abhängt, ob ein Ereignis bereits zu Ende ging oder noch andauert.

(2)

Ein Anfang schien von einer Figur markiert zu sein: ein Mann mit Vampirzähnen und leicht gekrümmter Nase, der Schläfenlocken, Kippa und einen Hut trägt, der mit SS-Runen verziert ist. Eine solche Figur, die sowohl jüdische als auch Nazi-Zeichen wiederaufführt, schien neu und überraschend zu sein. Die *Stürmer*-Leserschaft hat so einen Zeichenmix nie zu sehen bekommen – wohl Karikaturen, in denen Figuren einen Davidstern, ein Dollarzeichen oder Hammer und Sichel vorführen, um Menschen jüdischer

Herkunft darzustellen, aber keine SS-Runen. Ob Nazi mit Schläfenlocken oder Jude mit SS-Affinität – eine solche Mischfigur schien zwar die nationalsozialistische Definition von Mischling hinter sich gelassen zu haben, aber die Ideologie dahinter mit Geboten der jüdischen Religion für vereinbar zu halten. Zunächst war diese Figur nur auf der *documenta fifteen* in Kassel zu sehen. Rasch aber wurde die Figur einerseits zensiert, andererseits aber ausgewählt, um den deutschen Sommerlochjournalismus aufzuhübschen und verbreitet zu werden. Die Konkurrenz war groß, das Banner *People's Justice* des indonesischen Kollektivs Taring Padi war mit unzähligen Figuren bevölkert.

(3)

Gelegentlich war die Figur bei ihren Auftritten in der deutschen Presse von einer weiteren begleitet, die auch auf dem Banner *People's Justice* in Erscheinung getreten ist. Diese setzt sich zusammen aus einer vollen Montur, die irgendwo zwischen Motorradkleidung und kombinierter Milizuniform anzusiedeln ist, einem Tuch um den Hals und einem recht menschlichen Gesicht, jedoch mit Schweinsnase. Sie führt zwei identifizierende Zeichen mit sich, einen Davidstern auf dem Halstuch und auf dem Helm die Aufschrift *Mossad*, der Kurzname des Auslandsgeheimdiensts des Staates Israel. Auch diese Figur sorgte für Überraschung. Sie spielt mit den Regeln der Geheimdienste, indem sie Zeichen trägt, die sie identifizieren, ihre Identität aber ebenso gut vortäuschen könnten – eine Travestie, die bei Geheimdiensten nicht unüblich ist. Das Halstuch ist so um ihren Hals geknotet, als gäbe sich ein Agent im staatlichen Dienst für einen Guerillakämpfer aus.

(4)

Was der staatliche Guerillakämpfer mit dem Davidstern und der Nazi mit den Schläfenlocken mitteilen wollten, ist ernsthaft zu überlegen. Immerhin haben sie den langen Weg aus Indonesien nach Deutschland auf sich genommen. Protagonisten der israelischen Besatzung mit Nazis zu vergleichen, war nicht ihr Anliegen, eher ihre undurchsichtige Mischung sichtbar zu machen. Denn wenn einer, der Schläfenlocken trägt und sich also zum Judentum bekennt, über seiner Kippa einen Hut mit SS-Runen trägt, bekennt er sich auch zur Nazi-Ideologie. Da kann ich mir nicht aussuchen, welche dieser äußerlichen Zeichen der Innerlichkeit der Figur mehr und welche ihr weniger entsprechen. Ich muss einsehen, dass sich hier eine Figur präsentiert, in der sich die Ideologie einer Staatsgewalt und die Gebote einer Religion, die sich einmal ausgeschlossen haben, doch noch gefunden haben. Vielleicht ist es ihre angestrebte Reinheit – für die einen nationalistisch, für die anderen religiös begründet –, die ihre Mischung ermöglicht und die Figur eines national-religiösen Zeichenmixers hervorbringt. Dass diese Figur über den Umweg der indonesischen Diktatur nach Europa gelangt, kann nur diejenigen überraschen, die „ihre Juden“ und „ihre Nazis“ in die jeweiligen historischen Rollen, die sie einst verkörperten, einbalsamieren.

(5)

Das Zeitintervall zwischen den Sommerdrinks wurde immer länger, der Herbst war nicht aufzuhalten. Nicht aufzuhalten waren auch die israelischen Wahlen, ein Ereignis, das den Nazi mit den Schläfenlocken heim ins Himmelreich holte, in das Reich Gottes. Als hätten die

National-Religiösen Israels der Rede des deutschen Bundespräsidenten auf der *documenta fifteen* gelauscht, der unsere Gäste aus Indonesien daran erinnerte, dass Politik nicht der Auftrag von Kunst, sondern von Politiker*n sei, reklamierten die Gewählten die Politik der Schläfenlocken für sich. In dieser ausgedehnten Gegenwart habe ich nichts Besseres zu tun, als die Bücher von Yeshayahu Leibowitz aufzuschlagen, um vielleicht diesmal zu verstehen, was der Wissenschaftler und fromme Jude gemeint haben könnte, als er nach der israelischen Invasion in Libanon 1982 von „Judeo-Nazifizierung" sprach. Währenddessen wurden die Nachrichtenmeldungen mit Bildern der national-religiösen Wahlsieger in Israel überschwemmt, deren Parteiname mit „Jüdische Stärke" ins Deutsche übersetzt wurde (Sieht man das Bild von zwei jüdisch-religiösen Männern aus der Vorkriegszeit auf dem Cover des *Spiegel*-Geschichtsbands *Jüdisches Leben in Deutschland* (2019), mag „jüdische Stärke" sich wünschenswert anhören. Doch auf Hebräisch heißt es unmissverständlich „Macht". „Schlagkraft" käme vielleicht auch noch infrage, denkt man an das Logo der Vorbild-Partei, das eine Faust in einen Davidstern hinein komponiert). Ihren Aufstieg verdankt die „Jüdische Macht" ihrem Vorsitzenden, einem Anhänger des Rabbiners Meir Kahane, der in den 1980er Jahren für ein Großisrael warb, in dem Liebesbeziehungen zwischen jüdischen und nichtjüdischen Menschen mit fünf Jahren Gefängnis bestraft werden sollten (Du sollst dich nicht mischen). Nach vier Jahren im israelischen Parlament wurde Kahanes Liste 1988 wegen „Aufstacheln zum Rassismus" von der Wahl ausgeschlossen. Die außerparlamentarische Aktivität seiner Anhängerschaft wurde dadurch jedoch nicht aufgehalten.

(6)

Wenn Leibowitz von einer Judeo-Nazifizierung spricht, geht er weiter zurück als in die 1980er Jahre, zu Abraham Isaak Kook, Theologe des Zionismus und von 1921 bis zu seinem Tod im Jahr 1935 aschkenasischer Großrabbiner Palästinas. 1940 bringt Kooks Sohn und Schüler Zwi Jehuda einige Schriften seines Vaters unter dem Titel *Die Lichter der Tora* heraus (dt. 1995). In den folgenden drei Jahrzehnten wird die Lehre Kooks zur geistigen Grundlage des *Blocks der Getreuen*, der ersten messianischen Siedlerbewegung Israels, deren Mitglieder – von Leibowitz als Karikaturen ihres Lehrers bezeichnet – sich die Studienbank im Jerusalemer Rabbiner-Kook-Zentrum teilen.

In der jüdisch-religiösen Tradition, in der Textauslegung alles ist, gibt es nicht wenige Messianismen. In manchen werden nur die Tora-Gelehrten von denjenigen erlöst, die sie beim Lernen stören, in anderen die ganze Welt bis zur letzten Ameise. Die Vielfalt der Auslegungen geht nicht zuletzt darauf zurück, dass es im Fall des Messianismus keinen Originaltext gibt. Der Messianismus des *Blocks der Getreuen* begreift den Staat – ein in der jüdischen Tradition bis 1948 inexistentes Wesen – als Etappe in der Erlösung des Volkes Israel. Um diese Erlösung zu beschleunigen, machen die Getreuen es sich zur Aufgabe, zunächst das biblische Land Israel zu erlösen, sprich es in jüdische Hände zu bringen. Für Leibowitz handelt es sich dabei um eine aktivistische Auslegung der Texte von Kook, in denen die Nationalstaatlichkeit in den Rang einer Heiligkeit erhoben wird.

Man könnte noch weiter zurück gehen: Bereits im 19. Jahrhundert finden sich Wanderspuren davon, wie die Idee der Erlösung zwischen religiösen und nationalen

Sphären migriert, zum Beispiel im Motto „Erlösung des Erdbodens“, mit dem die zionistische Bewegung für den Landerwerb in Palästina wirbt. Womöglich geht dieses Motto auf ein jüdisch-religiöses Gesetz zurück, das einem Landbesitzer, der durch wirtschaftliche Umstände sein Land verloren hat, das Recht auf Rückkauf seines Landes einräumt.

(7)

Bekanntlich leben auf der Welt auch nichtjüdische Menschen, für die das jüdisch-religiöse Gesetz keine Gültigkeit hat. Von weltlichen Gesetzen aber ist – dem *Block der Getreuen* zufolge – das jüdische Volk, das ein auserwähltes Volk ist, entbunden. Um das Konzept der Auserwähltheit über die religiöse Praxis hinaus walten zu lassen, liefert Kook eine Auslegung, die es mit den rassentheoretischen Ansätzen seiner Zeit aufnehmen kann: „Der Unterschied zwischen der jüdisch-israelischen Seele – ihren verborgenen Wünschen, ihrem Bestreben, ihrer Eigenschaft und ihrer Stellung – und den nichtjüdischen Seelen in all ihren Rangstufen ist tiefer und größer als der Unterschied zwischen der Seele eines Menschen und der eines Tiers.“ Zu ihrem Glück bekommt diese Seele einen Staat, aber nicht irgendeinen: „Der Staat ist nicht das höchste Glück des Menschen. Das lässt sich über einen gewöhnlichen Staat sagen, der zu keinen erhabeneren Werten emporsteigt als denen einer großen Verantwortungsgemeinschaft, über der – wie die Krone des Menschheitslebens – viele Ideen schweben, jedoch ohne sie zu berühren. Anders verhält es sich mit einem Staat, der von Grund auf ideal ist, in dessen Existenz sich das noch höhere Ideal eingeprägt hat, das in Wahrheit das größere Glück des Einzelnen ist. Dieser Staat liegt tatsächlich höher auf der Glücksleiter und es ist der unsere, der Staat Israel, das Fundament des Sitzes Gottes auf Erden, dessen einziger Wille es ist, dass Gott und sein Name eins werden [„Ein Gegenstand leistet nie das gleiche wie sein Name", René Magritte], was in Wahrheit das noch höhere Glück ist. Es ist wahr, dass dieses erhabene Glück einer Erklärung bedarf, um seine Leuchtkraft in dunklen Tagen zu entfachen, doch wird es deshalb nicht aufhören, das größere Glück zu sein."

Was zunächst einer Erklärung bedarf, ist Kooks Wortwahl für das „höhere" (Glück), ein Derivat aus der Wortwurzel der hebräischen Wörter für „Übermensch", „höhere Gewalt", „Überlegenheit" und „von Gottes Gnaden". Dunkel scheinen Kook die Tage zur Zeit des britischen Mandats in Palästina, wo Juden und Jüdinnen meist nur illegal in das Land migrieren können. Und bald werden die Tage noch dunkler, als in Europa jüdische Staatsangehörige ausgebürgert werden und anderswo in der Welt um ihre Aufnahme betteln müssen. Dennoch rührt das Glück, das Kook den Staatenlosen im eigenen Staat verspricht, nicht etwa daher, dass sie ihren politischen Status eines Staatenlosen hinter sich lassen und wieder Staatsangehörige werden, sondern daher, dass dieser Staat „das Fundament des Sitzes Gottes auf Erden" sein soll. Die Fundamentmetapher wird im neugegründeten Staat Karriere machen. Menschen, die nach Israel einwandern oder aus dem Land auswandern, werden noch jahrzehntelang nicht als Ein- bzw. Auswanderinnen*, sondern als Auf- bzw. Absteigerinnen* bezeichnet. Den Anschluss („Besonderer Hinweis: Auf Grund seiner Verwendung im Nationalsozialismus sollte das Wort „Anschluss" für eine politische Vereinigung nicht unüberlegt gebraucht werden." Duden) von Kooks Glücksstaat an die Staatsgewalt besorgt dann der Sohn. 1951 spricht er von der

Heiligkeit des Unabhängigkeitstages Israels und 1967 von Panzern, die – wie die Gebetsriemen, die von Juden und (Reform-)Jüdinnen beim Morgengebet getragen werden – Instrument zur Erfüllung religiöser Pflichten seien.

— Abraham Isaak Kook, *Lichter* (Hebr.), Jerusalem 1920. — René Magritte, *Sämtliche Schriften*, hrsg. von André Blavier, Frankfurt a.M., Berlin und Wien 1985.

(8)

„Übertreibst du nicht, wenn du den Ausdruck ‚Judeo-Nazi' verwendest?", wird Yeshayahu Leibowitz von Michael Shashar in einem der Gespräche gefragt, die sie zwischen 1986 und 1987 führen und die 1989 veröffentlicht werden. „Meinst du wirklich, dass wir [jüdische Israelis] zu solchen Dimensionen wie die Nazis herunterkommen könnten?" Leibowitz: „Wenn die Nation – in Nazi-Terminologie die ‚Rasse' – und ihre Staatsgewalt die obersten Werte werden, werden Menschen haltlos. Diese Mentalität ist auch unter uns verbreitet. In den von uns besetzten Gebieten, in der Westbank, im Gazastreifen und im Libanon verhalten wir uns bereits so wie die Nazis in den von ihnen besetzten Gebieten in der Tschechoslowakei und im *Westen* [Europas] sich verhalten haben. Wir haben – anders als sie im *Osten* – keine Vernichtungslager errichtet, aber wie entsetzlich, dass wir diese Tatsache vorweisen müssen, um uns von den Nazis zu unterscheiden!" Shashar: „Betrifft das, was du sagst, ausschließlich uns oder auch andere Gesellschaften?" Leibowitz: „Das betrifft jede Gesellschaft von Menschen, die Nationalität und Staatlichkeit heiligt. Die Nazis, die das getan haben, was sie getan haben, sind Menschen, und auch die Juden sind Menschen." Gleichsetzungen – ob von Nation und Rasse oder Staat und Gott – sind Instrumente einer Sprachpolitik, die zunächst Unterschiede ausblendet. Allerdings sind Gleichsetzungen auf Gefolgschaft angewiesen, um ihren Schaden anzurichten. Kooks Getreue „tun so", als würde er an „mich und an dich und an weitere 12 Millionen Juden denken", wenn er vom Volk Israel spricht. Doch er denkt dabei an die „‚Seele der Nation'", die er mit der *Schechina* gleichsetzt, die in den rabbinischen Texten eine der zehn göttlichen Emanationen bezeichnet. Für seine Getreuen spiegeln die „Geschicke des Volks Israels heutzutage [...] nicht Ereignisse in der Geschichte der Menschheit, sondern göttliche Vorgänge". Wenn ein Gebet den Staat als „‚der Beginn der Blütezeit unserer Erlösung' preist, dann ist alles erlaubt", folgert Leibowitz. Wenn „Staat und Nation als oberste Werte betrachtet werden, ist alles erlaubt, sogar ein Anhänger Hitlers zu sein". Oder ein Pogrom zu verüben, wie der *Block der Getreuen* es kurz vor dem hier zitierten Gespräch gegen Palästinenser und Palästinenserinnen in Hebron und Al Dahriyeh getan hat: „Man schreibt bei uns über ein Pogrom an Juden, vergisst aber, dass *wir* ein Pogrom an Palästinensern verübt haben! [...] Jetzt wiederhole ich, ohne zu zögern, den Ausdruck ‚Judeo-Nazis'! Die Politik der Besatzung ist eine Nazi-Politik!"

> — Yeshayahu Leibowitz, *On Just About Everything. Talks with Michael Shashar* (Hebr.), Jerusalem 1989, meine Übersetzung; dt., Jeshajahu Leibowitz mit Michael Shashar, *Gespräche über Gott und die Welt*, aus dem Hebräischen von Matthias Schmidt, Frankfurt a.M. 1994. Siehe auch „Mich erschreckt die Staatsgewalt", Yeshayahu Leibowitz im Interview mit Tsafrir Cohen, *Der Freitag*, 1992, wiederveröffentlicht im April 2018, https://rosalux.org.il/artikel/jeschajahu-leibowitz/.

(9)

Mein Sprachvermögen ist nach der Übersetzung der Zeilen von Abraham Kook noch erschöpft – die Wortwahl mit ihren Nuancen von Nuancen einer Überlegenheit, die sich zwischen *superiority* und *supremacy* nicht entscheiden kann und auch nicht muss, weil sie eh etwas beschreibt, dass noch höher liegen soll, vielleicht jenseits der Sprache (meiner auf jeden Fall), sollte es so etwas geben. Aber immerhin habe ich ein Loch in meiner Bildung gestopft und meine, ein wenig Ahnung davon zu haben, wie die Figur des Judeo-Nazis mit der jüdischen Religion, in die ich hineingeboren wurde, zusammenhängt. Genauer gesagt, mit einer bestimmten Auslegung des jüdischen Erbes. Sie ist zwar eine Auslegung unter vielen, doch wird sie vom jüdischen Staat privilegiert, der wiederum von Deutschland verteidigt wird, als verkörpere er „das Jüdische". Mit Kook (und Leibowitz) verstehe ich allmählich: Wenn deutsche Politikerinnen und Politiker im Nationalstaatsjargon vom Existenzrecht Israels sprechen, haben sie weder die israelischen Staatsangehörigen noch die jüdische Diaspora im Sinn, sondern den Staat Israel als Fundament für den Sitz Gottes. Doch wie jeden Staat, kann es auch diesen nicht ohne die Menschen geben, die ihn schaffen und bevölkern. Seine Gründung, in der sich die Vorstellung, auserwählt zu sein, mit der Vorstellung von einer jüdischen Souveränität vereint, emanzipierte nicht „das Judentum" oder „die Juden", wo auch immer sie waren; sie ließ eine neue Form von Judentum entstehen, „das israelische Judentum, sollte man – Menachem Klein zufolge – sagen". Anders als das klassische Judentum, wurde dieser neue Zweig des Judentums nicht in den

Studiersälen der Tora geformt, „sondern im Rahmen des herrschenden israelischen Regimes im Allgemeinen und der Herrschaft über die Palästinenser im Besonderen". Während in der Diaspora „die Vorstellung, ein auserwähltes, überlegenes Volk zu sein, dessen Zeit kommen würde" für Jüdinnen und Juden „eine Kompensation für ihre Notlage" als mindergeschätzte Minorität war, „identifiziert" das israelische Judentum „Souveränität und die in ihrem Namen ausgeübte Herrschaft mit jüdischer Vorherrschaft und Unterdrückung". Doch in Deutschland herrscht weiterhin das Phantasma eines monolithischen Judentums, wie es einst zum Feind erklärt wurde und nun von Israel repräsentiert werden soll.

Mit den Mitteln der Kunst, wie es die Figur des Judeo-Nazis auf der *Documenta fifteen* versuchte, gelang ihr der Zutritt in den deutschsprachigen Diskurs erst einmal nicht. Und ein wenig doch. Sie machte deutlich, wie sehr Menschen in Deutschland abgestumpft sind gegen die Auswirkungen von Antisemitismus auf die Welt außerhalb des flächendeckend von Antisemitismus-Beauftragten erfassten deutschen Territoriums. Man glaubt es genügt, den Antisemitismus, der sich gegen jüdische Menschen richtet, landesweit in den Griff zu bekommen, muss aber zur Kenntnis nehmen, dass die Antisemitismus-Bildsprache längst durch die Welt wandert und sich beispielsweise im holländisch kolonisierten Indonesien für den Rassismus gegen die chinesische Minorität nützlich macht.

> — Menachem Klein, "Israel's Rule Over the Palestinians Has created a New Judaism", *Haaretz* vom 8. April 2023.

(10)

In der säkular-staatlichen Grundschule, auf die ich ging, war von Kooks Glücksstaat nicht die Rede, nicht direkt. Wir lernten, dass der Staat Israel das Instrument „unserer" Wiederaufrichtung bzw. Wiedergeburt nach der Shoah sei. So führte uns eine Klassenreise zu einem Museum, das ein Modell des jüdischen Bunkers im Warschauer Getto neben einer rekonstruierten Anlage von Schützengräben aus dem Palästinakrieg von 1947-49 zeigte. Wir stürzten uns in die Gräben hinein und posierten für Souvenirfotos aus unserer Zukunft: Samuel schmiegte sich an ein Maschinengewehr, Galia an Talia und ich an den Fotoapparat. Religionsunterricht gab es nicht, das Fach *Tenach* (Hebräische Bibel), dessen Status in der Schwebe zwischen Literatur und Geschichte gehalten wurde, sollte genügen. In der *Tenach*-Stunde lernten wir, dass wir Nachkömmlinge eines Sklavenvolkes sind, das vor tausenden Jahren in Ägypten aufbegehrte. In dem Text, der von diesem Aufstand erzählt, wurden die Israeliten* zum ersten Mal als Volk bezeichnet. Doch trotz Sklavenaufstand, Warschauer Bunker und Schützengrabenkämpfen sollten wir uns nicht den Widerstand als die konstituierende Erfahrung unseres Volkes merken; eine spätere Szene der Erzählung sollte wichtiger sein. Sie lehrte uns, dass wir zu einem auserwählten Volk gehören. Wir, die wir glaubten, säkular zu sein, ahnten noch nicht, was mit Gottes Auserwähltheit anzufangen wäre. Das Gefühl, auserwählt zu sein, versetzte uns zunächst in eine Art Überlegenheit, in einen Zustand, in dem uns nichts mehr berührte, auch nicht die Wirklichkeit um uns herum. Dieses Gefühl erlaubte uns, uns alles zu erlauben, notfalls durch Selbstlegitimierung. Eine Legitimation durch andere käme ja auch der indirekten Anerkennung der Wirklichkeit um uns herum gleich, von der wir uns unberührt glaubten.

(11)

Carsten studiert Islamwissenschaft. Almuth zögert noch, was sie studieren soll, und engagiert sich derweil bei der *Aktion Sühnezeichen*. Gunnar macht gerade seinen Abschluss in Archäologie und träumt davon, in Jerusalem zu arbeiten. Das deutsche Wort „Chuzpe" höre ich zum ersten Mal von Almuth in der Küche von Gunnar in Westberlin, Mitte der 1980er Jahre. Auf Hebräisch heißt es *chuzpa*, ins Deutsche ist das Wort aus dem Jiddischen übernommen, allerdings ohne die Konnotation eines schamlosen Verhaltens, die es auf Hebräisch hat. Chuzpe und *chuzpa* teilen miteinander denselben Bedeutungshof, der von „Frechheit" über „Unverfrorenheit" und „Dreistigkeit" bis zu „Unverschämtheit" reicht und „Trotz", sogar „Ungehorsam" einschließt. Israelis steht Chuzpe zu, sagt Almuth schmunzelnd, um nicht zu sagen, sie würde von ihnen erwartet, fügt sie hinzu, als sie meinen Gesichtsausdruck sieht. Weil Israelis zum auserwählten Volk gehören? Carsten kommt in die Küche und spricht zu ihr. Mein Deutsch reicht nicht, um zu verstehen, was er sagt. Ich überlege mir, ob Almuth an Chuzpe eine Art Wagemut schätzt, der aus einer verlorenen Situation doch noch etwas für sich herausschlägt. Das wäre fast eine Überlebensstrategie. Aber die hebräischen Konnotationen beherrschen noch zu sehr meine Gedanken, und Chuzpe kommt mir wie ein Verhalten vor, das sich durch das Gefühl der Auserwähltheit legitimiert. Ich versinke noch mehr in den Gedanken, dass Chuzpe ein Manöver ist, um die Idee der Auserwähltheit aus dem religiösen in den säkularen

Kontext einzuschmuggeln und zu etablieren. Weil ich zu den Auserwählten gehöre, darf ich gewisse Dinge sagen und tun. Und in Deutschland erst recht, da wird es von mir scheinbar sogar erwartet. Weil Chuzpe eine gewisse Stärke des ehemals schwachen Diasporajuden beweist? Mir ist, als wäre ich von Almuth erneut erwählt worden. Ein Satz wie „ich bin nach Deutschland gekommen, um mich zur Abwahl zu stellen" kommt mir nicht in den Sinn – und sei es, weil es nicht stimmt, weil ich es auf deutsch sowieso nicht sagen kann oder weil ich wirklich nicht nach Deutschland gekommen bin, um mich durch Chuzpe identifizieren zu lassen, die auch in Israel nicht wirklich Teil meines Vokabulars war. Carsten reißt mich aus meinen Gedanken. Eigentlich käme er in die Küche, um uns die freudige Nachricht mitzuteilen, dass sein Auslandssemester an der Uni von Damaskus genehmigt wurde, und um mich zu fragen, ob ich seinen Job als Fischverkäufer auf dem Markt übernehmen will. Wir sind uns alle einig, dass der Job am Fischstand meine Ankunft in Berlin bestens vorantreiben würde. Je mehr Almuth mir von der *Aktion Sühnezeichen* erzählt, desto mehr beunruhigt mich meine Wiederwahl durch sie. Irgendwann begreife ich, dass ich diese Wahl nicht persönlich nehmen sollte. Almuth würde jede Person, die sich ihr noch so sehr als säkularer Israeli vorstellen würde, zum auserwählten jüdischen Volk zählen, und das beunruhigt mich noch mehr. Das Gefühl, nicht zu wissen, wie ich aus diesem Gespräch rauskomme, wird mich später – „verfolgen" wollte ich schreiben: wie ich mir überlege, was ich sagen könnte, ohne Almuths Bedürfnis, Sühne zu leisten, noch größer zu machen. Wie ich mir sage, es kann nichts sein, das mit meinen Verwandten zu tun hat, die den Holocaust nicht überlebten, auch nicht mit meinen Freunden, die für einen Staat starben, dessen Existenz Almuth womöglich für die Erlösung Deutschlands hält, und auch nicht mit den mir Unbekannten, die von dieser ins Stocken geratenen Erlösung in den Tod gerissen wurden. Wie ich übe, die immer längeren Schweigepausen noch etwas mehr in die Länge zu ziehen, in Erwartung eines Einfalls, der von mir aus gelogen wäre oder sich später als wahr herausstellen könnte, wenn er denn nur das Gespräch auf ein anderes Thema lenken würde. Wie ich mich frage, warum die Antwort, ich sei zum Studieren nach Deutschland gekommen, nicht genügt. Wie ich irgendwann sage, ich sei nach Deutschland gekommen, weil hier einmal eine liberale jüdische Tradition gelebt werden konnte. Wie ich mich gleich danach frage, ob Almuth versteht, dass ich damit mein Selbstverständnis als Israeli aufgegeben habe. Und wie ich diese erfundene Antwort in vielen Variationen später verwendet haben werde.

(12)

Von einem liberalen Judentum höre ich zum ersten Mal im Hause Leibowitz. Anders als das Rabbiner-Kook-Zentrum, war die Wohnung von Greta und Yeshayahu Leibowitz eine Art Zwei Personen-NGO, die für alle möglichen Fragen offen war, die zwar mit Autorität, aber niemals autoritär oder missionierend beantwortet wurden. Zu Leibowitz nach Hause konnte ein israelischer Soldat kommen und fragen: „Was mache ich, wenn ich den Befehl bekomme, nachts ein palästinensisches Kind aus dem Bett zu holen, wo ich doch weiß, dass der Minderjährige dann ein halbes Jahr ohne Eltern- oder Anwaltsbesuch in der israelischen Verwaltungshaft sitzen wird?" Als der Ratsuchende das Haus verlässt, steht bereits der nächste vor der Tür, ein orthodoxer Junge, lange Schläfenlocken, wenn auch kaum Bartstoppeln im Gesicht: „Ich fühle mich von Gleichgeschlechtlichen angezogen, verstößt Homosexualität gegen die religiöse Pflicht, sich fortzupflanzen?" Meinen Besuch bei dieser Beratungsstelle verdanke ich meiner Tante, die eine Schwimmfreundin von Greta war. Greta, eine Mathematikerin und fromm wie ihr Ehemann, würde das Rätsel lösen, das ein Familiendokument für mich aufgeworfen hat, meinte meine Tante. Es handelte sich um einen Vordruck, der in einem mir nicht ganz verständlichen vormodernen Hebräisch verfasst war und 1882 von meiner Urgroßmutter und ihren zukünftigen Schwagern in Trier unterzeichnet worden war. Da nur Namen, Unterschriften, sowie Ort und Datum der Unterzeichnung handschriftlich waren, nahm ich an, dass meine Vorfahren nicht die Einzigen waren, die von diesem Vordruck Gebrauch machten. Um das Rätsel zu lösen, war weniger Gretas mathematisches Wissen gefragt als ihre Kenntnisse der religiösen Gesetze und deren mögliche Handhabung. Stirbt ein Mann ohne lebende männliche Nachkommen, tritt die Schwagerehe in Kraft – sein Bruder ist nach dem jüdischen Gesetz verpflichtet, die Witwe zu heiraten. Von dieser Pflicht kann ihn die Witwe nur befreien, wenn er die Befreiung annimmt. Klingt nach Einvernehmlichkeit. Ist der Schwager aber nicht bereit oder nicht aufzufinden, darf die Frau nicht wieder heiraten. Besonders jüngere Frauen in dieser Situation wurden von ihren Schwagern finanziell erpresst. Zur rabbinischen Zeit wurde zwar ein Dokument verfasst, das die Parteien vom alten Brauch der Schwagerehe entbindet, doch ohne den optional zu zahlenden Preis für die Befreiung festzulegen. Das Trierer Dokument ist jedoch eindeutig: Die Schwager meiner Urgroßmutter verpflichteten sich, ihre Befreiung unter allen Umständen unentgeltlich anzunehmen. Eine solche Vereinbarung zur Erlösung der Frau von ihrer Funktion zur Fortpflanzung der Familie ihres verstorbenen Ehemanns hätte Greta noch nie gesehen, gestand sie mir, und bewertete die Vereinbarung als fortschrittlich und liberal.

(13)

Es war einmal in Deutschland ein liberales Judentum. Ich kann mir die Gelegenheit, das zu schreiben, nicht entgehen lassen, nicht in einer Zeit, wo Deutschland es sich so bequem macht und sich eine Institution wie den *Zentralrat der Juden in Deutschland* zum Chefberater in jüdischen Angelegenheiten erkoren hat – eine Institution „in der sich Religiöses, Ethnisches, Politisches verbindet und widerspruchsfrei öffentlich positioniert", und dabei „jüdischen Stimmen, die aus seiner Sicht missliebig und israelfeindlich sind, das Jüdischsein abspricht", wie Charlotte Wiedemann bemerkt. Und weil Sprechen und Absprechen auf Tatsachen beruhen sollen, greift diese Institution auf die berühmt-effektive Blutprobe zurück und beflügelt den deutschsprachigen Diskurs mit Begriffen wie „Vaterjude". (Vielleicht irre ich mich und „Vaterjude" ist wirklich progressiver als „Vierteljude". Ich bin kein Experte. Im Gegenteil, ich habe viel zu viel Ilse Aichinger gelesen, eine – soll ich sie jetzt als Mutterjüdin bezeichnen? Geht nicht, jeder Nachkömmling einer jüdischen Mutter ist Jude beziehungsweise Jüdin, auch wenn der Vater es nicht ist. Vielleicht als „Mischling"?

Nein, so haben die Nazis sie bezeichnet, und das war für sie „vor allem: Abschied" von ihren jüdischen Familienmitgliedern. Ah, vielleicht als „Nachkömmling von Juden und Nichtjuden in einer Liebesbeziehung", die Meir Kahane mit fünf Jahren Gefängnis bestrafen wollte. Aber wie kann ich wissen, ob diese „Juden und Nichtjuden" sich geliebt haben? Und wo bleiben die Jüdinnen in dieser Formulierung und außerdem war Kahane Judeo-Nazi. Das macht nichts, Judeo-Nazis sind auch Juden, wir alle sind Juden, das habe ich von der Coronaleugner- und Impfgegnerdemo gelernt. Und wenn alle Juden sind, brauche ich mich nicht mehr zur Abwahl zu stellen – ohne Wahl keine Abwahl. Oh Gott, nein, nicht du, der da! Das ist jetzt undemokratisch, ich entschuldige mich für diese Entgleisung. Erst bei dem Nachkömmling von Sie wissen schon, vor allem aber bei dem Geschäftsführer des *Zentralrats der Juden*, der mit seiner Forderung nach einem „Selbstreinigungsprozess" dem Kulturausschuss des Deutschen Bundestags ja bloß eine glückliche Hand bei der Wahl des Kulturinstitutionsleiters* wünschen wollte. Jetzt weiß ich gerade nicht, wem ich trauen soll. Dem Gedächtnis, das solche „Reinigungsprozesse" in Zusammenhang mit der Entnazifizierung gespeichert hat? Meinen Ohren, die bei Reinheitsvorstellungen dazu neigen, sich zu spitzen? Oder vielleicht dem Duden, der „Selbstreinigung" als den natürlichen Abbau verunreinigender Stoffe erklärt und nicht darauf hinweist, dass ihre Anwendung auf Menschen im deutschsprachigen Gedächtnis bereits früher Unheil angerichtet hat?) Man glaubte in Deutschland, eine solche Sprache der Vergangenheit zugeschrieben zu haben. Doch Auserkorenen wie den Repräsentanten

„der Juden in Deutschland" steht es offensichtlich zu, eine solche Sprache wieder salonfähig zu machen. Hier ist ein Zugeständnis am Werk, das den Bedürfnissen beider Seiten so sehr zu entsprechen scheint, dass es schwer zu sagen ist, ob es sich um jüdischen Rassismus oder um ein Outsourcing von Rassismus seitens der deutschen Politik handelt. Wahrscheinlich ist es eine Mischung davon, deren Zielscheibe klarer ist als sie selbst: jüdische wie nichtjüdische Subjekte, die ein Gedächtnis aktivieren, das die nationalisierte Erinnerungskultur entnationalisiert, indem es über sie hinausschaut.

> — Charlotte Wiedemann, „Wieder die Abstumpfung!", *Die Tageszeitung* vom 6. Januar 2021. — Ilse Aichinger, zitiert nach Christine Nagel, „Das Schweigen beim Sprechen. Ilse Aichinger in Radio-Gespräche", deutschlandfunk.de 2011. — Deutscher Bundestag, „Fachgespräch in Kulturausschuss über documenta fifteen", Berlin 6. Juli 2022, https://www.youtube.com/watch?v=ElTE-7kBUfo.

(14)

Siehe auch den Newsletter der nach dem jüdischen Theoretiker und Aktivisten benannten *Gustav Landauer Initiative* von September 2022 mit einer Besprechung der *documenta fifteen*. Beispielhaft für *documenta*-Beiträge, die von der Echokammer deutscher Medien übertönt wurden, enthält die Besprechung eine Abbildung von Taring Padis Gemälde *Humanität, Solidarität, Internationalismus* (2018). Die Bildunterschrift lautet: „Hier wurde der siebenarmige Leuchter gleichberechtigt neben den Symbolen anderer Religionen abgebildet."

(15)

1933, auf Gabriele Tergits Überfahrt von Europa nach Palästina, zeigt sich ihr „das Jüdische“ zunächst als eine Vielfalt zerstreuter religiöser, sozialer und politischer Ausrichtungen. Doch bald erfährt sie von „zwei [jüdischen] Rassen“. Unter den Passagieren befinden sich „zionistische Akademiker. Viele von ihnen waren von echter Bewegtheit. Sie waren keine Emigranten, sondern Heimkehrer, erfüllt von unklaren Erwartungen, in denen sich die Sehnsucht nach einer Vereinigung mit anderen Volksgenossen mischte mit dem uralten Blutsgefühl, dem Messiasglauben an Erlösung durch das Land Israel. [...] ‚Durch die Judengesetze‘“, sagt einer von ihnen, „‚ist die Lüge der Emanzipation aufgehoben worden, die Lüge, daß die Juden keine Nation seien‘“. Ein anderer Passagier unterscheidet „zwei Rassen, Zionisten und Assimilanten. Brücken führten zu den Blut- und Bodentheorien des Nationalsozialismus, aber keine Brücke führte zum Assimilanten“, als ginge die Fahrt zu einem Land, das ausschließlich von gleichgesinnten Juden und Jüdinnen bewohnt wäre. Brücken zwischen religiösen und säkularen Traditionen, zwischen unterschiedlichsten politischen Ausrichtungen oder zu der nichtjüdischen Bevölkerung Palästinas sollen sich mit der als gescheitert geltenden Assimilation erübrigt haben. Die Erklärung der jüdisch-deutschen Assimilation als gescheitert überblendet sich in dieser Heimkehrfantasie mit der jüdisch-orthodoxen Sicht, die Assimilation ohnehin für einen Irrweg hält und die Shoah als Zeichen Gottes für sein Volk interpretieren wird: Es möge auf den richtigen Weg zurückkehren. Der richtige Weg heißt unter anderem, sich nicht mit nichtjüdischen Menschen zu mischen. Aus heutiger Perspektive ist Tergits Wiederaneignung des Rassebegriffs vielleicht ein Hinweis darauf, dass mit der Tilgung von Nazi-Begriffen aus der deutschen Sprache ihre Wirkung anderswo, außerhalb des deutschen Sprachraums, noch lange nicht aufgehalten ist. Wenn Tergit von „Zionisten und Assimilanten" als zwei „Rassen" berichtet, entreißt sie den Begriff „Rasse" dem ethnischen Zusammenhang, in dem er behauptet wurde, und stellt ihn in den politischen (zionistischen) bzw. sozial-politischen (assimilatorischen) Zusammenhang, um seiner Fortwirkung jenseits des antijüdischen Rassismus der NS-Zeit auf die Spur zu kommen. Den Bericht von ihrer Überfahrt schreibt Tergit in Palästina, das sie 1938 nach fünfjährigem Aufenthalt für London verlässt. Kann schon sein, dass das Klischee von den hochkultivierten jüdischen Deutschen, die sich in der Levante nicht assimilieren konnten, auch auf sie zutrifft. Doch hält sie dabei noch einen anderen Grund fest, der sie bewegt haben mag, das Land ihrer „Volksgenossen" zu verlassen: dass Rassismus keine Sprach- oder Landesgrenzen kennt und dass die jüdischen Europäerinnen und Europäer in Palästina sich den sie ausgrenzenden Rassismus ein Stück weit zu eigen gemacht haben.

— Gabriele Tergit, „Überfahrt 1933", in: *Im Schnellzug nach Haifa*, Berlin 1996.

(16)

1948, im Monat der Gründung des Staates Israel, bringt Tergit die „Rasse", wie sie ihr in Palästina begegnete, nach Deutschland zurück. In der Koblenzer Zeitschrift *Zwischen den Zeiten. Jüdisches Leben, jüdisches Wissen* veröffentlicht sie einen Text mit dem Titel „Das Land Palästina". Darin kompiliert die ehemalige Gerichtsreporterin drei

Texte aus dem Buchmanuskript, an dem sie in Palästina arbeitete – „Klima“, „Landschaft“ und „Rasse“. Dem Verleger Ernst Rowohlt sagt sie 1946, dass dieses Buch „mehr kontra als pro sei“, da sie „nun einmal Nationalismus in keiner Verkleidung leiden“ möge. Im ersten Teil dieses Manuskripts beschäftigt sich Tergit ideengeschichtlich mit den „geistigen Grundlagen Palästinas“, der zweite Teil enthält Beobachtungen über „Land und Menschen“. Ein Freund empfiehlt Tergit, die zwei Teile nicht in einem Buch zusammen zu publizieren, „da es offensichtlich aus einem eher theoretischen beziehungsweise politischen und einem Teil mit Impressionen des Landes bestehe“.

1996 erscheinen posthum die „Impressionen“ unter dem Titel *Im Schnellzug nach Haifa*, herausgegeben von Jens Brüning. Die Ausgabe enthält auch die Texte „Klima“ und „Landschaft“; „Rasse“ entfällt. Weil das Kapitel zu den „geistigen Grundlagen Palästinas“ gehört? Was geschah zwischen 1948 und 1996 in Deutschland, das zu dieser editorischen Entscheidung führte? In seinem Vorwort berichtet der Herausgeber, dass auf dem Inhaltsverzeichnis des Typoskripts, das ihm von Tergits Nachlassverwalter Fritz Hellendall ausgehändigt wurde, ein großes „NO“ stand. Auch wollte der Nachlassverwalter dokumentiert wissen, dass er nur unter großen Bedenken das Typoskript zum Druck freigegeben habe, da „man es als aus Deutschland vertriebener Jude nicht gern sieht, daß in Deutschland etwas ‚Negatives‘ über Erez Israel veröffentlicht wird [...]. In Deutschland steht man auf einem Grill, unter dem die Naziteufel schon wieder das Feuer schüren.“ Es ist bemerkenswert, dass der Nachlassverwalter hier von „*Erez* Israel“ spricht, eine Bezeichnung für das Land Israel aus der biblischen Zeit, die der

Zionismus des 19. Jahrhunderts wiederentdeckte, um das historische Recht des jüdischen Volkes auf das Land zu legitimieren, und die die messianische Siedlerbewegung im 20. Jahrhundert aufgreifen wird, um ein Großisrael zu propagieren. („Können wir nicht einen Satz lang in ein und derselben historischen Zeit bleiben? Wer führt auf dieser Zeitreise?" „Das Unbestimmte." „Kann man sich abmelden?" „Theoretisch schon. Derzeit aber verstecken sich der oder die Reiseführer*in hinter einem Gendersternchen"). Das Manuskript hätte er nicht gelesen, räumte der Nachlassverwalter dem Herausgeber gegenüber ein. „Allein ein Hinweis von Tergit war ihm bekannt: ‚Wer druckt schon Dynamit?'" Wann Tergit das gesagt hat, ist nicht überliefert, dafür aber ein anderer Hinweis, den sie Hans Jäger bereits 1950 gab: „Mein Leben ist ja mehr von meinem Antizionismus beschattet worden als von dem Rassismus aus Deutschland." Wenn Tergits „NO" das gesamte Manuskript betrifft und jemand aber meint, dass doch ein Teil davon veröffentlicht werden könnte, dann ist eine Wahl, die „Land und Menschen" den „geistigen Grundlagen Palästinas" vorzieht, politisch: Sie entmischt Literatur und Theorie.

> — Jens Brüning, „Vorwort", in: Gabriele Tergit, *Im Schnellzug nach Haifa*, hrsg. von Jens Brüning, Berlin 1996. — Elke-Vera Kotowski, „*Im Schnellzug nach Haifa* und *Der erste Zug nach Berlin*. Gabriele Tergits Reisepässe als Dokumente ihrer Exilerfahrung", *Text + Kritik*, Heft 228, 2020.

(17)

Siehe auch: Franco Fortini, *I cani del Sinai,* Bari 1967. Im Nachklang des Sechstagekriegs geschrieben ist dies eine Auseinandersetzung des Marxisten mit Gewalt,

Medien, modernem Judentum und linker europäischer Solidarität mit dem Sieger Israel. Der Titel ist eine fingierte Redewendung, „den Hund des Sinai machen", von Nomaden gebraucht im Sinn von „dem Sieger zu Hilfe eilen" und „edle Gefühle zur Schau stellen". In Deutschland wurde diese poetisch-analytische Klageschrift durch Jean-Marie Straubs und Danièle Huillets Film *Fortini/Cani* (1976) rezipiert: „Die Hunde des Sinai", schreibt Fortini, „sind die Italiener, die dorthin gerannt sind, um die Sieger zu bejubeln, während der Film eine weitergefasste Bedeutung hat von denen, die Diener des Imperialismus sind". 1976 schreibt Karsten Witte: „Fortinis Kernthese ist, dass die weltweite Solidarität mit Israel nichts anderes ist als der Philosemitismus der Antisemiten, oder anders gesagt: die ersehnte Taufe der Rassisten. Den historischen Antisemitismus sieht Fortini in einer Phase der Verkümmerung, während der akute Antisemitismus auftaucht in der Form des ‚Hasses auf das Anderssein'."

> — Karsten Witte, „Straubs Publikum", *Kirche und Film* 19, Nr. 3, 1976. — Franco Fortini, zitiert nach viennale.at.

(18)

Bei Haviva Pedaya entdecke ich, dass ich schon lange ein Anhänger des Rabbiners Asher ben Jechiel gewesen sein muss, vom dem sie in ihrem Buch *Im Auge der Katze* berichtet: Ein Luzerner Rabbiner gerät beim Anblick des Bildes von einem Katzenkopf auf einem Grabstein auf dem Friedhof von Padua in Ekstase. Zwar vermutet er, dass das Bild der Katze mit dem Namen des dort ruhenden Rabbiners Katzenelbogen zu tun hat, doch besagt das Gebot, dass man sich kein Bildnis machen soll. Der Austausch des Rabbiners mit Kollegen zu diesem Thema entfaltet sich zu einer Erzählung über die Vielfalt kontroverser Auslegungen aus sephardischen und aschkenasischen Perspektiven, darunter Asher ben Jechiels Deutung. Ihr zufolge betrifft das Gebot lediglich das Bildnis einer Form in ihrer Ganzheit, nicht aber das Bildnis eines Fragments, wie etwa eines Kopfes ohne Körper. Mich bringt der Kopf einer Katze darauf, dass der Überblick über ein Ganzes nicht immer nötig und nicht immer möglich ist. Wir erben unzählige Geschichten, die nur aus Fragmenten bestehen. Wenn man will, kann man sich immer auf die Suche nach der ganzen Geschichte machen. Und wenn man davon ausgeht, dass „Finden nur ein Teil des Nichtfindens ist“ (Ilse Aichinger), kann die Suche sogar Sinn machen.

Durch Jacques Hassouns *Schmuggelpfade der Erinnerung* gelange ich zu Erinnerungen, die auf staatlichen Wegen nicht durchgekommen sind. Erinnerungen, die ihr Bewegungspotential bewahren, um sich einer Nationalisierung zu entziehen. Wie in der Geschichte von Najib, der in Frankreich als Sohn einer algerischen Familie geboren wurde. Als Schuljunge, so erinnert er sich, wurde er einmal von seiner Lehrerin gefragt, ob er seinen *Bled* habe. Verblüfft, seine französische Lehrerin auf einmal Arabisch sprechen zu hören, „höre ich mich antworten, ich hätte meinen *bled* nie verlassen, schließlich sei ich in Charleville geboren und nie anderswo zu Hause gewesen“. Najib verstand *bled* (Arab.), das im Maghreb ein Dorf im Landesinneren bezeichnet, seine Lehrerin meinte jedoch *Le Bled*, das Lehrbuch für französische Grammatik, das nach seinen Autor*innen Édouard und Odette Bled benannt wurde. Die zwei Wörter von ähnlichem Klang konstituierten für ihn eine Brücke, die seine familiäre Herkunft mit seinem heutigen Leben in der Mischehe mit einer Französin verbindet. In der Bewegung hin und her von *bled* zu *Bled* begründet er seine neue gemischte Tradition. „Es genügt", schreibt Hassoun, solche Bilder „nicht zu verleugnen, damit sie als heterogene Elemente in der Kultur Eingang finden und ihren Stil prägen. Wir können also die Hypothese aufstellen, daß das, was von einer Überlieferung zeugt, sich nicht erschöpft in alten Gespenstern, in Trägern von Volkstrachten oder Mundartliebhabern, die den Dialekt der Vorfahren mehr schlecht als recht imitieren." Überlieferung ist nichts Statisches, das übergeben wird, eher ein Übergang von einer gemeinschaftlichen Tradition, die von einem Subjekt in eine neue Gemeinschaft übersetzt wird, die es damit begründet. Diese Auslegung von Tradition ist jedenfalls eine, die dem Subjekt das Recht auf Mitbestimmung seiner Tradition einräumt.

— Haviva Pedaya, *The Eye of the Cat* (Hebr.), Tel Aviv 2009. — Ilse Aichinger, „Aufzeichnungen 1950-1985", in: *Kleist, Moos, Fasane*, Frankfurt a.M. 1991. — Jacques Hassoun, „Vom bled zum Bled. Die wiederhergestellte Geschichte", in: *Schmuggelpfade der Erinnerung*, Basel und Frankfurt a.M. 2003.

Was B. im Schilde führt

Kommt eine Aussage zur Sprache, passt sie sich zunächst der Grammatik dieser Sprache an oder wird von der Grammatik umformuliert. Wird die Aussage geschrieben, trifft die Schrift auf ein Trägermaterial, das womöglich eine andere Sprache spricht. Manchmal widersetzt sich eine der beiden Sprachen der Anpassung an die andere und gewinnt die Oberhand. Es kommt auch vor, dass sich Aussage und Trägermaterial gegenseitig assimilieren und etwas hervorbringen, dem keiner von beiden widerstehen kann, wie das Demoschild von B. Auf einen mit Piktogrammen bedruckten Verpackungskarton – Trinkglas (zerbrechlich), durchgestrichene Fußabdrücke (nicht darauf treten), Pfeil (so herum tragen) – schreibt B. „Fragile" und darunter, „DEmokratie für alle!" Es dauert nicht lange, bis ich merke, dass B. DE-Demokratie im Schilde führt, letztlich befinden wir uns in dem Land, dessen Name mit DE abgekürzt wird. Ich beginne, die Schilder auf der Demonstration so zu lesen, als würden sie nicht nur Aussagen tragen, sondern auch etwas darüber mitteilen, wie ihre Trägerinnen und Träger sich ihrer Umgebung vermitteln. Dabei fällt mir auf: Die zweihundert Nationalfahnen, die den zweihundert Personen, die zuerst da sein würden, per WhatsApp versprochen wurden (Bringt einen Besenstiel mit!), wurden offensichtlich kaum angenommen. Auf Nationalfahnen anderer Nationen sollte nach Ansicht der Admins verzichtet werden, da sie der Botschaft der Demonstration erheblich schaden würden. Eine ist jedoch zu sehen, wenn auch nicht ganz ausgerollt, eher tief gehalten als erhoben und immer wieder von einem Transparent verdeckt, das durch die Gegend getragen wird, als ob es zwischen Himmel und Hölle nirgendwo am richtigen Ort wäre: „26.2.2023 in Huwara“. Vor der Brust eines Mannes befindet sich ein Schild, das oben um seine Schultern und unten um seine Taille geschnürt ist. Das Schild ist gerade so groß, dass es über die Körpersilhouette des Mannes nicht hinausragt. Eine solche Tragekonstruktion sah ich zum letzten Mal auf einem Foto aus den 1930er Jahren. Der weiße Karton ist sorgfältig in Nylon gehüllt. Wasserwerfer werden nicht erwartet, aber es könnte regnen, nein, der Tag ist strahlend. „Kein Staatsempfang für Korrupte, Antidemokraten + Kriminelle.“ Es ist nicht das Schild, das der Mann hochhält, sondern die Tradition der Schriftmalerei. Ob es der Botschaft der Demonstration schadet, dass nur wenige Nationalfahnen hochgehalten werden? Die einzige Fahne einer anderen Nation ist nicht mehr zu sehen. Mein Blick fällt auf die Rückseite eines vor mir schwankenden Schildes, von dem mich eine Kandidatin der letzten Kommunalwahlen anlächelt. Später werde ich auf der Vorderseite das Wort „Scham“ in mehreren Sprachen und das Wort „Schade“ auf Deutsch lesen. Ein n, das nachträglich hinzugefügt wurde, als wäre es zunächst vergessen worden, macht „Schande“ daraus. Auf dem Boden hält sich ein Schild mithilfe eines Kinns senkrecht, das sich darauf stützt. Dieser Kinnhalter ist mit sehr großen Buchstaben in dünnem Strich beschriftet. Der lesende Blick verlangsamt sich, gleitet den Linien entlang und von einem Buchstaben zum nächsten ermittelt sich: „S t o p J u d e o n a z i s m“. Was Deutschland für jemanden bedeutet, der auf deutsch schreibt „Ich will nicht Deutsch lernen! Deshalb muss meine Heimat verlässlich bleiben“, werde ich mich auf dem Heimweg fragen. Ein leichter Wind trägt „Inter na tionale Soli da rität", aus einer benachbarten Demonstration herüber, aus einer vergangenen Zeit und weiter in eine Demonstration, die noch stattfinden wird, vielleicht ohne Besenstile, ohne Nationalfahnen, weder von dieser noch von einer anderen Nation, „Fragile" (so herum tragen). Die Admins öffnen die WhatsApp-Gruppe und „alle" posten Reaktionen: acht Daumen hoch, davon vier blond, zwei dunkelbraun, einer schwarz, einer beige; zehn Daumen runter, alle schwarz; zwölf Herzen, alle rot; vier Nationalfahnen, davon drei der einen und eine der anderen Nation.

Bibliografie

Und du, Jakow, hast nicht nur deine Verwandten nach dem Krieg gesucht, sondern auch ihre Fotos und die Schallplatten, die sie gehört haben. Und zwei Zimmer hat deine Wohnung, in dem einen schläfst du und in dem anderen hängst du die Fotos deiner beiden Kinder auf, ums Eck, sodass sie im einen Augenwinkel einander sehen würden und im anderen die Bibliothek der Schallplatten, die die Wand ihnen gegenüber von der Decke bis zum Boden füllt. Und du schließt die Fensterläden, sodass deine Kinder Tag und Nacht nicht mehr unterscheiden würden. Und du stellst einen Tisch und zwei Sessel in das Zimmer hinein, sollten deine beiden Kinder Besuch bekommen, der mit ihnen im Dunkel des Zimmers Schallplatten hören würde. Und auf den Tisch stellst du eine Droschke, und selbst wenn du auf dem Weg zum Balkon die Luft im Zimmer aufwirbelst, weht das Haar des Kutschers nicht. Und wenn niemand Platten auflegt, würden deine Kinder die Bibliothek mit ihren Blicken durchwandern und die Schallplattentitel einen nach dem anderen oder einen vor dem anderen aufnehmen, um die Melodien summen zu können. Und als der Nachbarssohn von oben und der Nachbarssohn von nebenan aus einem späteren Krieg nicht zurückkehren, tröstest du deine Nachbarn damit, dass ihre Kinder ein Grabmal haben, und die Nachbarin von oben sagt, dass ihr Kind nicht das Land der Gräber bewohnen wollte und lieber mit deinen Kindern spielen würde. Und du nimmst die Fotos deiner Kinder aus dem Wechselrahmen, mischst sie mit den Fotos der Nachbarskinder als wären sie Dominosteine und legst zwei hintereinander in den einen Rahmen und zwei in den anderen hinein.

Und wann immer einer von euch an die Tür eines anderen klopft, kommt ihr alle zusammen, um eure Kinder in den Fotos Verstecken spielen zu lassen. Am Ende schauen zwei der Kinder auf die Schallplattenbibliothek durch die Augen der anderen zwei, und wenn sich die Nachbarn verabschieden, gehst du auf die Hauptstraße und studierst in den Schaufenstern die Preise der Plattenspieler.

transversal texts
transversal.at
Aus dem Programm 2015

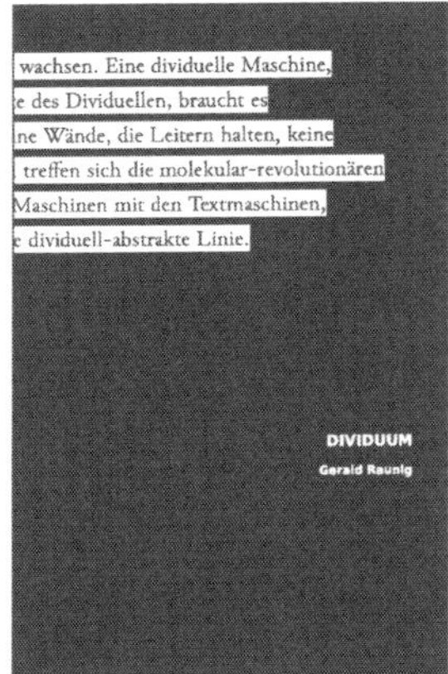

Gerald Raunig

DIVIDUUM
Maschinischer Kapitalismus und molekulare Revolution, Band 1

Die jahrhundertelange Konjunktur des Individuums gerät ins Wanken. Es beginnt das Zeitalter des Dividuellen. Die schlechte Nachricht von Gerald Raunigs Philosophie der Dividualität ist, dass sich das Dividuelle im maschinischen Kapitalismus vor allem als Verschärfung von Ausbeutung und Indienstnahme zeigt: In Algorithmen, Derivaten, Big Data und Social Media wirkt Dividualität als ausufernde Erweiterung von herrschaftlicher Teilung und Selbstzerteilung. Die gute Nachricht: Genau auf dem Terrain des Dividuellen wird auch eine neue Qualität von Widerstand möglich, als kritische Mannigfaltigkeit, molekulare Revolution und Con-division.

ISBN: 978-3-9501762-8-5
Januar 2015
256 Seiten, broschiert, 15,- €

transversal texts
transversal.at
Aus dem Programm 2022

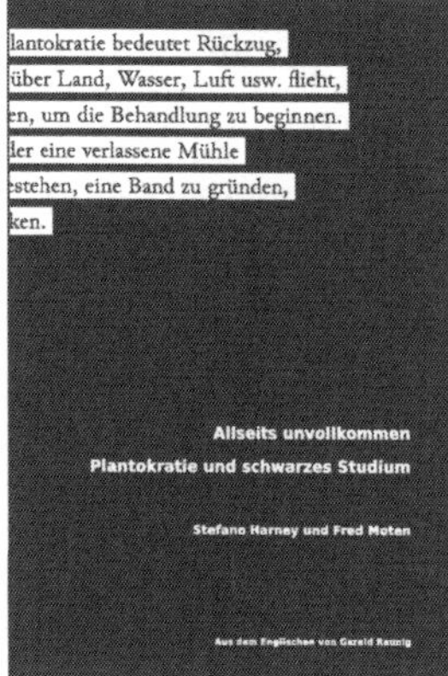

Stefano Harney, Fred Moten

Allseits unvollkommen
Plantokratie und schwarzes Studium

Mit einem Vorwort von
Denise Ferreira da Silva
Aus dem Englischen
von Gerald Raunig
Lektorin: Isabell Lorey

Allseits unvollkommen ist das zweite gemeinsame Buch von Stefano Harney und Fred Moten. Ihre Jam-Session aus Poesie und Philosophie, schwarzem Studium und sorgender Sozialität hat schon längst begonnen, noch bevor sie *Die Undercommons* veröffentlichten, und auch Motive ihres ersten Buchs kehren wieder, etwa die Analysen der Logistik als Wissenschaft von Whiteness und Verlustprävention oder die harsche Kritik der Totalisierung von Bildung und der antisozialen Aspekte von Individuierung und Eigentum. Immer schimmert durch diese Analysen auch etwas Unschaubares durch, eine geteilte und teilende Korruption, eine partiale Bildung, ein schwarzer (Ante)Heroismus, eine Präzedenz, die vor und vor der Plantokratie des Kapitalismus liegt, Prätext auf einer geknickten und kinkigen Linie, allzeit und allseits unvollkommen.

ISBN: 978-3-903046-34-4
Oktober 2022
296 Seiten, broschiert, 15,- €

transversal texts

transversal.at

Aus dem Programm 2017

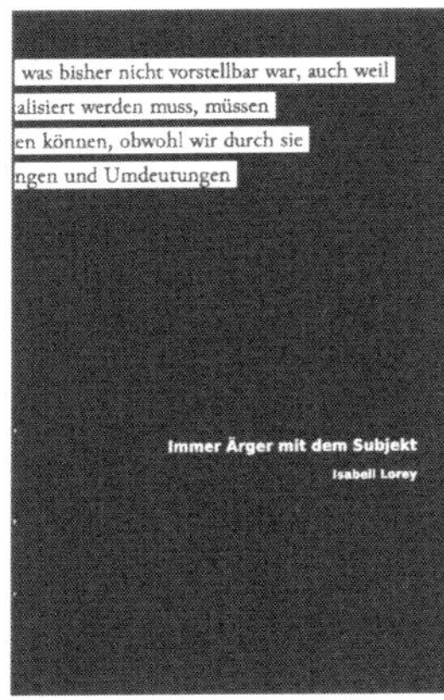

Isabell Lorey

Immer Ärger mit dem Subjekt
Theoretische und politische Konsequenzen eines juridischen Machtmodells: Judith Butler

Immer Ärger mit dem Subjekt bezieht sich auf die Schwierigkeiten und Zwänge, normative Subjektvorstellungen umzusetzen. Und es bezieht sich auf die Eigenwilligkeiten all derer, denen es nie gelingen will, auf diese Weise zum Subjekt zu werden – die Umdeutungen, Verweigerungen und Widerständigkeiten gegen das autonome, männliche, heterosexuelle, weiße und besitzende bürgerliche Idealsubjekt.

Das Buch befasst sich mit der Subjekttheorie von Judith Butler, die die Idee eines autonomen Subjekts, das als Voraussetzung von Handlungsfähigkeit verstanden wird, schon am Beginn der 1990er Jahre radikal dekonstruiert und damit auch vorherrschende Vorstellungen von kollektivem politischem Handeln in Frage stellt.

ISBN: 978-3-903046-10-8
Juli 2017
236 Seiten, broschiert, 15,- €

transversal texts

transversal.at

Aus dem Programm 2015

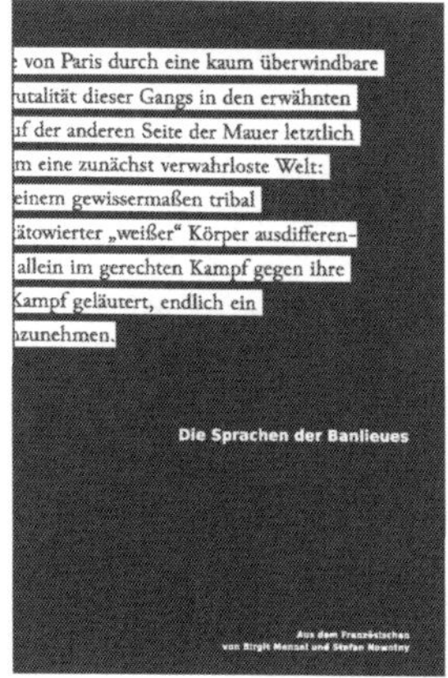

Birgit Mennel

Stefan Nowotny (Hg.)

Die Sprachen der Banlieues

Aus dem Französischen von Birgit Mennel und Stefan Nowotny

In den französischen Banlieues verdichten sich heute unterschiedlichste Erfahrungen der Migration, häufig vor dem Hintergrund geschichtlicher Kolonialverhältnisse, ihrer Hinterlassenschaften und Fortschreibungen. Allzu oft aber verfährt sich der Blick auf die Artikulationen dieser Erfahrungen – die Sprachen der Banlieues – in unterschiedlichen Phantasmen des Mangels oder aber eines sich selbst undurchsichtig bleibenden Überschusses: Wo man einerseits die erhabene Sprache der Nation verkümmern sieht, wird andererseits auf eine gleichsam babylonische Sprachenvielfalt verwiesen, die aber eben auch bloße Sprachverwirrung sein könnte; und wo die einen, angesichts brennender Autos beispielsweise, nur stumme Gewalt erblicken, erklingt den anderen der Hahnenschrei künftiger Revolutionen. Was aber, wenn das Scheitern oder Ausbleiben von Übersetzung und Artikulation, das all diese Figuren in der einen oder anderen Weise unterstellen, zuallererst die soziale und politische Sprache jener kennzeichnete, die die Banlieues in ihre eigenen Projektionen zu bannen versuchen (und damit erneut zu „Orten des Banns" machen)?

ISBN: 978-3-9501762-7-8
November 2014
152 Seiten, broschiert, 10,- €

- Precarias a la deriva
  Was ist dein Streik?
  10,- € / ISBN: 978-3-9501762-6-1

- Birgit Mennel, Stefan Nowotny (Hg.)
  Die Sprachen der Banlieues
  10,- € / ISBN: 978-3-9501762-7-8

- Gerald Raunig
  DIVIDUUM
  15,- € / ISBN: 978-3-9501762-8-5

- Gin Müller
  Possen des Performativen
  15,- € / ISBN: 978-3-9501762-5-4

- Félix Guattari, Antonio Negri
  Neue Räume der Freiheit
  10,- € / ISBN: 978-3-9501762-9-2

- Antonio Negri,
  Raúl Sánchez Cedillo
  Für einen konstituierenden Prozess in Europa
  10,- € / ISBN: 978-3-903046-06-1

- Birgit Mennel, Monika Mokre (Hg.)
  Das große Gefängnis
  15,- € / ISBN: 978-3-903046-00-9

- Rubia Salgado / maiz
  Aus der Praxis im Dissens
  15,- € / ISBN: 978-3-903046-02-3

- Gerald Raunig, Ulf Wuggenig (Hg.)
  Kritik der Kreativität
  20,- € / ISBN: 978-3-903046-01-6

- Stefano Harney, Fred Moten
  Die Undercommons
  10,- € / ISBN: 978-3-903046-07-8

- Stefan Nowotny, Gerald Raunig
  Instituierende Praxen
  15,- € / ISBN: 978-3-903046-04-7

- Lina Dokuzović
  Struggles for Living Learning
  15,- € / ISBN: 978-3-903046-09-2

- Brigitta Kuster
  Choix d'un passé
  12,- € / ISBN: 978-3-903046-05-4

- Isabell Lorey, Gundula Ludwig,
  Ruth Sonderegger
  Foucaults Gegenwart
  10,- € / ISBN: 978-3-903046-08-5

- Maurizio Lazzarato
  Marcel Duchamp und die Verweigerung der Arbeit
  10,- € / ISBN: 978-3-903046-11-5

- Isabell Lorey
  Immer Ärger mit dem Subjekt
  15,- € / ISBN: 978-3-903046-10-8

- Gerald Raunig
  Kunst und Revolution
  20,- € / ISBN: 978-3-903046-15-3

- Christoph Brunner, Niki Kubaczek,
  Kelly Mulvaney, Gerald Raunig (Hg.)
  Die neuen Munizipalismen
  10,- € / ISBN: 978-3-903046-12-2

- Tobias Bärtsch et al. (Hg.)
  Ökologien der Sorge
  15,- € / ISBN: 978-3-903046-13-9

- Lucie Kolb
  Studium, nicht Kritik
  15,- € / ISBN: 978-3-903046-14-6

- Lucie Kolb
  Study, not critique
  15,- € / ISBN: 978-3-903046-19-1

- Raimund Minichbauer
  Facebook entkommen
  12,- € / 978-3-903046-17-7